ARNO BACKHAUS

Ef**un**gelisation

Schulte & Gerth

©1995 Verlag Klaus Gerth, Asslar
Bestell-Nr. 815 394
ISBN 3-89437-394-6
1. Auflage 1995
Umschlagfoto: Michael Wenserit
Umschlaggestaltung: Olaf Johannson
Fotos S. 66, 94, 102, 118: Michael Wenserit
        S. 72, 78, 108: idea-Bild, Wetzlar
        S. 46: Klaus-Dieter Gloger, Markranstädt
Comics: Bernd Schwemm
Satz: Die Feder GmbH, Wetzlar
Druck und Verarbeitung: Ebner Ulm
Printed in Germany

Ich widme dieses Buch Hanna, meiner Frau, der liebsten,
die ich auf diesem Globus kenne. Als wir 1972 heirateten,
hatte sie es nicht leicht mit mir. Ich war durch und durch
missionarisch eingestellt und lief oft wie eine wandelnde
Litfaßsäule durch die Gegend. Auf meine Jacke hatte ich
mit dickem Filzstift „Gib Jesus eine Chance" geschrieben,
und auf den Ärmeln prangten unendlich viele fromme Buttons.
Wenn wir gemeinsam in die Straßenbahn stiegen,
setzte sie sich sogar auf einen entfernten Platz,
um nicht mit mir in Verbindung gebracht zu werden.
In unseren fast 24 Ehejahren hatten wir Zeit genug,
uns zu verändern. Heute denke ich differenzierter,
und meine Frau unterstützt mich in meinen Aktionen.
Auf der anderen Seite ist aber auch meine Frau missionarisch
mutiger und selbstbewußter geworden, obwohl sie sich nie so
plakativ in eine Fußgängerzone stellen würde wie ich.
Meine Frau liebt mich, obwohl sie mich kennt, das tut gut!

Inhalt

Einleitung

Im Rahmen einer Tournee von „Arno & Andreas" und der „Dieter Falk Band" gaben wir vor vielen Jahren zwei Konzerte in Bamberg, eines am Freitag, das andere am Samstag. Das ist normalerweise sehr erholsam, aber für eine Band gibt es kaum etwas Langweiligeres als die Aussicht, sich einen ganzen Tag lang in einer fremden Stadt herumtreiben und die Zeit bis zum nächsten Konzert totschlagen zu müssen. Deshalb ging ich in die Fußgängerzone, um etwas von Bamberg zu sehen. Aber auch da war nach zwei Stunden nicht mehr viel Neues zu entdecken. Oft packe ich in solchen Momenten der Langeweile meine Gitarre aus und vertreibe mir und anderen mit einigen Songs die Zeit. Aber irgendwie hatte ich an diesem Tag keine rechte Lust dazu.

Plötzlich kam ich auf eine verrückte Idee: Wie würden die Leute wohl reagieren, wenn ich mich hier hinstellte und Geld verschenkte?

In einem Supermarkt besorgte ich schnell die Utensilien, die ich für meinen Spontaneinsatz brauchte: einen Filzstift, Kleingeld, eine Schachtel für die Münzen und ein Stück Pappe, auf das ich einen pfiffigen Spruch schreiben wollte. Der fiel mir dann auch bald ein: „Ich wurde reich beschenkt, nimm dir was raus!" Das war nicht nur ein ungewöhnlicher, irritierender Satz, der die Menschen anlockt, sondern auch ein idealer Anknüpfungspunkt, um ins Gespräch zu kommen. Wir Christen sind so reich von Gott beschenkt worden, daß wir immer Grund haben, andere daran teilhaben zu lassen.

Natürlich hatte ich anfangs große Angst, mich irgendwo hinzusetzen. Aber wenn man sich mit der Beklemmung auseinandersetzt und sie nicht verdrängt, schafft man es auch, seine Bedenken zu überwinden. Nach kurzem Zögern ließ ich mich einfach an einer Hauswand nieder.

Zuerst guckten mich einige Passanten ganz komisch an, zögerten dann aber und stellten sich plötzlich sehr „unauffällig" irgendwo hin, als ob sie auf jemanden warteten. Sie warteten ja auch wirklich auf jemanden – und zwar auf einen, der sich traute, mich auf mein Schild hin anzusprechen. Nachdem der erste mich gefragt hatte, was das denn solle, kamen viele dazu, hörten sich die Fragen und Antworten an oder stiegen gleich mit ins Gespräch ein.

Etwa eine Stunde saß ich so auf meinem Platz und diskutierte angeregt mit den Zuschauern, bis mich die Polizei unterbrach (wie es weiterging, steht auf S. 61). Innerhalb dieser einen Stunde hatte ich unglaublich viele gute Gespräche mit den unterschiedlichsten Leuten – Kindern, Alten, Ausländern, Intellektuellen, schlicht denkenden Menschen, Pennern, elegant gekleideten Yuppies –, und ich war überrascht, wie offen die Leute auf meine Aktion reagierten. Es gab weder hektische oder streitsüchtige Diskussionen, noch einen Schlagabtausch von Argumenten, sondern ausschließlich gute, teilweise sogar sehr tiefgehende Gespräche über den Glauben. Am Ende der Aktion war ich so motiviert und überzeugt von dieser für mich neuen Art der Evangelisation, daß ich dachte, davon müßte es mehr geben. Auf der Heimfahrt nach unserem zweiten Konzert fielen mir ständig neue Aktionen ein, die ich sofort aufschrieb. Viele davon habe ich später an unterschiedlichen Orten ausprobiert.

So sind im Laufe der Zeit 150 verschiedene Straßenaktionen entstanden, und es kommen ständig neue hinzu. Einige davon stelle ich als Anregungen in diesem Buch vor.

Damit wirklich jeder die überraschenden Aktionen nachmachen kann oder zu eigenen Ideen inspiriert wird, habe ich dem Buch ein einfaches Schema zugrunde gelegt. Ich sage kurz, worauf es mir bei den Aktionen ankommt und welches kommunikative Konzept dahintersteht, damit jeder eine Grundlage für die eigene Arbeit bekommt.

Dann erzähle ich von einigen meiner Aktionen, die mir im Lauf der Jahre ans Herz gewachsen sind und die verrücktesten und schönsten Reaktionen hervorgerufen haben. Auch dabei wird immer zuerst die Idee vorgestellt: Was ist der Grundgedanke, welche Materialien braucht man, und was kannst du damit erreichen? Manchmal gibt es zu einzelnen Aktionen spezielle Tips, worauf geachtet werden sollte. An viele kleine Dinge und Probleme denkt man nämlich vorher nicht. Und wenn auf der Straße plötzlich etwas Überraschendes passiert oder unerwartete Fragen kommen, sollte man gut vorbereitet sein, damit aus dem missionarischen Gespräch kein Trauerspiel wird.

An exemplarischen Dialogen, Erlebnissen und Entscheidungen möchte ich am Ende jedes Kapitels den speziellen Reiz der jeweiligen Aktion zeigen, von denen jede eine eigene, faszinierende Geschichte hat. Dadurch werden auch die theologischen Hintergründe am klarsten erkennbar. Aber keine Angst, das Ganze ist nicht zu theoretisch, denn viele der Erlebnisse lesen sich wie humoristische Kurzgeschichten.

Doch die gesammelten Begegnungen und Anekdoten sind nicht nur eine unterhaltsame Lektüre, sie machen auch deutlich, wie wichtig und bewegend solche Anstöße sein können. Und wer einmal mit missionarischen Einsätzen gute Erfahrungen gemacht hat, möchte nicht so bald wieder damit aufhören. Denn die Reaktionen der Leute sind oft genauso verblüffend wie die „Aktionskünstler" und ihre Aktionen selbst. Deshalb lernt man nebenbei ungeheuer viel über sich selbst, was den Einsatz doppelt lohnt.

Ich hoffe, du hast Lust bekommen, mit mir in den faszinierenden Dschungel der „bedrohlichen" Fußgängerzonen einzusteigen. Keine Angst, ich gebe einige Überlebens-Tips. Das Abenteuer wartet, steig mit ein!

„Zeugnis"-Generator

Wer kennt sie nicht, die klassische Situation unter Christen: Du sollst ein „Zeugnis" geben – und dir fällt nichts ein, was du erzählen könntest. Quäl dich nicht länger! Beginne ganz oben und folge den Hinweispfeilen. Auf diese Art kommst du garantiert zu einem „Zeugnis" von durchschlagender Qualität.

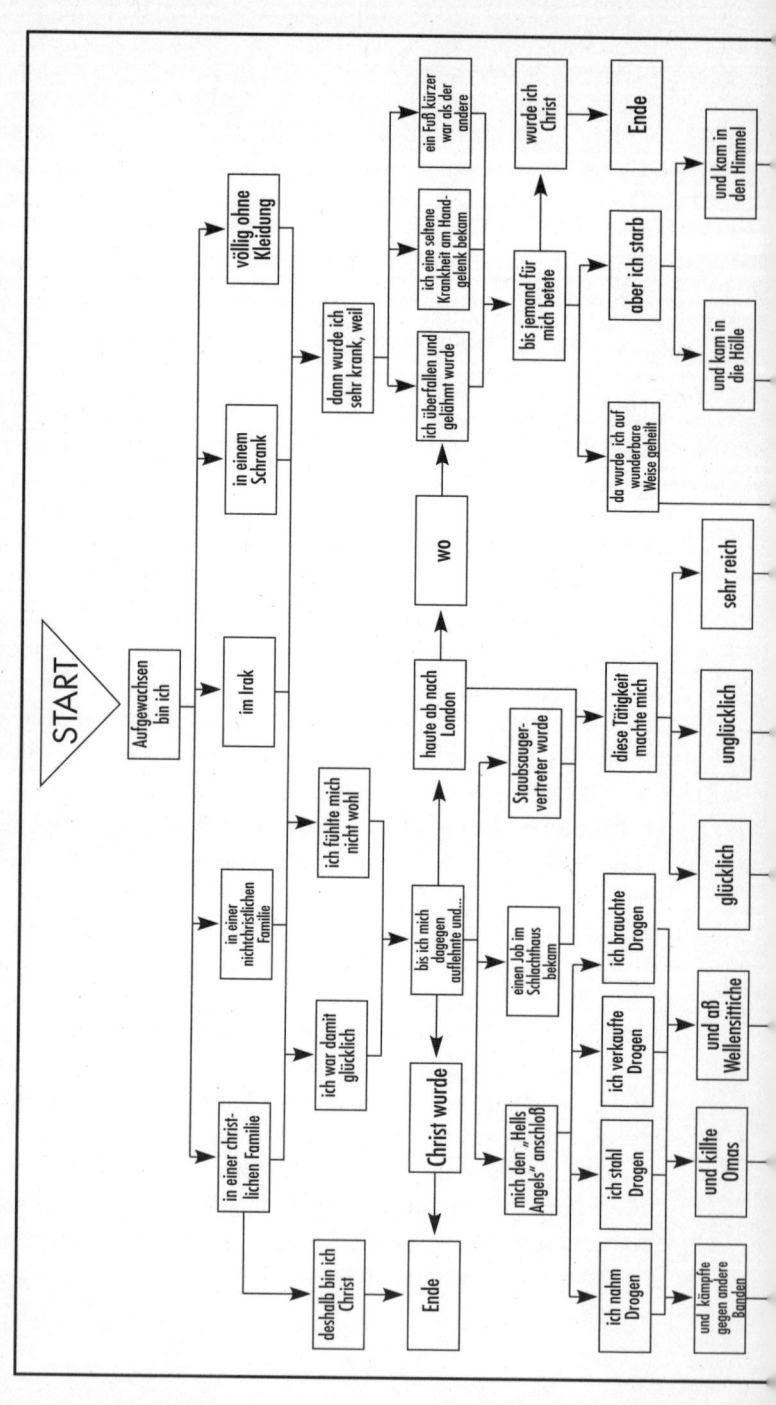

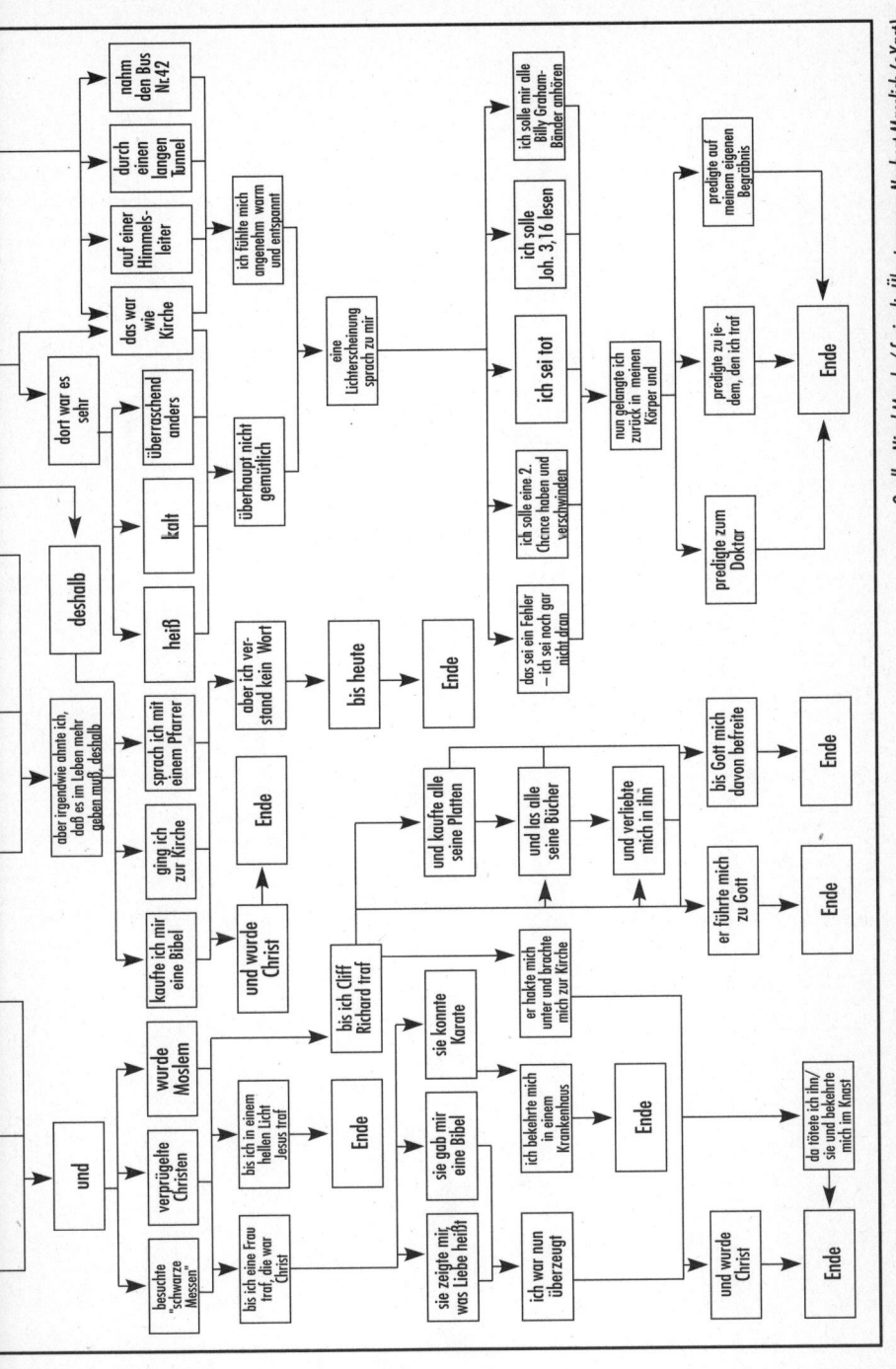

Quelle: Nigel Marsh / freie dt. Übertragung: Norbert Masslich (eXact)

Greenpeace und Mission

Wenn ich an Mission denke, denke ich oft auch an die Einsätze von „Greenpeace". Die Mitglieder dieser Umweltschutzorganisation haben ja auch eine Mission, einen Auftrag. Sie wollen ökologische Fragen bewußt machen und auf Verbrechen an der Natur und den Menschen hinweisen. Trotzdem gibt es normalerweise zwei kleine, aber entscheidende Unterschiede zwischen Greenpeace und der christlichen Mission:

▷ Aktivisten von Greenpeace hängen sich an Schornsteine, ketten sich an Atomkraftwerke und blockieren das Versenken von Ölplattformen in der Nordsee. – Und was machen wir Christen? Wir verteilen Handzettel zur Zelt- oder Gemeindeevangelisation. Die Leute von Greenpeace setzen trotz aller Gefahren ihren Körper aufs Spiel und sind wirklich existentiell in ihrer „Mission" unterwegs, während wir höchstens zeitmäßig etwas beeinträchtigt sind.

▷ Christen, die auf der Straße missionieren, haben in der Regel ein Alter zwischen 14 und 20 Jahren. Wenn man älter wird, bekommt man oft anspruchsvollere Vorstellungen vom Evangelisieren, und ist dann meistens nicht mehr dafür, seinen Glauben so plump öffentlich zu verkündigen. Das Aktionsalter von Greenpeace-Mitgliedern dagegen liegt genau in der Lebenszeit, in der wir Christen uns eher in das Familienleben oder die Berufskarriere zurückziehen, nämlich zwischen 30 und 45 Jahren.

Warum haben wir oft so große Achtung vor den drastischen Einsätzen von Greenpeace und halten auf der anderen Seite missionarische Aktionen für etwas Kindisches, Einfältiges oder Peinliches? Von allzu deutlichen Bekenntnissen fühlen sich viele betroffen, auch wenn es dabei um die wichtigste Sache der Welt geht. Zu große Offenheit verwirrt viele Christen sogar. Etwa dann, wenn sich ein 40jähriger als scheinbar Toter in die Fußgängerzone legt, um auf diese Art auf den Tod aufmerksam zu machen und wichtige Gespräche über das Tabuthema zu ermöglichen. Macht ein 16jähriger eine solche Aktion, lächeln alle milde: „Dem kann man verzeihen, der muß sich ja noch seine Hörner abstoßen." Aber wehe, so etwas tut ein Familienvater, vielleicht sogar noch einer aus der Gemeindeleitung. Dann fühlen sich alle unangenehm berührt.

Ich denke, daß dringend wieder reife, erfahrene und differenziert denkende Christen benötigt werden, die sich mutig auf die Straßen begeben und auch etwas riskieren, wenn es um die Frohe Botschaft geht. Wir dürfen die Fußgängerzonen nicht nur den Radikalen überlassen, den oft ziellosen Jugendlichen, den obskuren Sekten oder auch den ungebremsten Christen, die nur in Schwarz-Weiß-Kategorien denken und reden.

Im Lauf der Zeit habe ich die verschiedensten missionarischen Straßenprojekte entwickelt, die sicher nicht für jeden das Richtige sind, die aber klarmachen, daß es

▷ mehr gibt als das übliche Zettelverteilen und Liedersingen.

▷ heute dringend nötig ist, wieder kreative Formen der missionarischen Aktionen zu entwickeln, um Menschen zu erreichen, die kaum noch wissen, wie man „Kirche" schreibt.

Meine Straßenaktionen sind ein Versuch, den Erwartungen, Vorstellungen und Gefühlen der Menschen so weit entgegenzukommen, daß sie nicht schon vorher durch irgendwelche lang angesammelten Klischees abgeschreckt werden, sondern sich auf etwas ganz Neues einlassen können. Dabei spielt das Überraschungsmoment eine ganz wichtige Rolle: Wer sich etwas nicht erklären kann, ist fast immer daran interessiert, das Rätsel zu lösen.

Anhand einiger Punkte will ich zeigen, welche Grundsätze hinter meinen Einsätzen stehen und worauf man achten sollte:

▷ Ich arbeite mit der Neugier der Leute.
▷ Ich nutze den Drang der Menschen, andere in Schubladen einordnen zu wollen.
▷ Ich spreche niemanden an, sondern warte darauf, daß Leute *mich* ansprechen und mit mir reden wollen. Folglich ist die Motivation der Zuschauer, etwas von mir zu erfahren, viel größer als bei einem „normalen Einsatz", bei dem die Angesprochenen sich schnell belästigt fühlen.
▷ Ich beantworte wirklich nur die Fragen, die ich gestellt bekomme, und missioniere nicht dort, wo jemand gar nicht angesprochen werden möchte.
▷ Ich bemühe mich, im Gespräch eine Mini-Beziehung aufzubauen. Daher versuche ich anfangs weniger von mir und meinen Erfahrungen zu reden, als an meinem Gegenüber Interesse zu zeigen.
▷ Ich habe keine Tasche, keinen Koffer oder etwas Ähnliches bei mir und verteile auch keine Einladungszettel. Wenn sich jemand etwas aufschreiben will, kann ich ihm einen Kugelschreiber anbieten, einen Zettel aber muß er sich selbst besorgen.
▷ Ich muß mich dem Fragenden *persönlich* stellen, ich bin direkt gefragt und gehe nicht in einem bunten Chor

unter. Meistens stehe ich deshalb als Einzelperson auf der Straße. Eine Gruppe verleitet sehr schnell dazu, sich hinter dem anderen, der es besser kann, oder hinter angelernten Aussagen zu verstecken.

▷ Auch heute noch, nach Hunderten von praktischen Einsätzen, habe ich vor jeder Aktion Angst. Die nehme ich ernst, lasse mich von ihr aber nicht abhalten, meine Aktion auch durchzuführen. Der gesunde Umgang mit der Angst ist eines der wichtigsten Elemente, das mir hilft, offen, demütig und gleichzeitig selbstbewußt aufzutreten.

▷ Ich lasse mich nicht auf zermürbende Diskussionen über Einzelfragen ein, sondern bemühe mich, alles daranzusetzen, daß ein wirkliches Gespräch zustandekommt.

▷ Keine meiner Aktionen habe ich bisher beim Ordnungsamt angemeldet und – mit ein bis zwei Ausnahmen – auch keine Probleme damit gehabt; vorausgesetzt, daß ich niemanden auf der Straße behindere, störe oder ärgere. Das allerdings ist dann keine Frage der missionarischen Aktion, sondern der Höflichkeit.

10 todsichere Regeln,
ein missionarisches Gespräch scheitern zu lassen

1. Mach keine großen Umschweife, sondern komm direkt zur Sache. Frage deinen Gesprächspartner, ob er sich schon für Christus entschieden hat.

2. Verse der Heiligen Schrift sind ein wesentliches Element deines Gesprächs. Zitiere mindestens in jedem dritten Satz eine Bibelstelle wörtlich.

3. Mach deinem Gesprächspartner deutlich, daß der Glaube auf jede Frage eine klare Antwort hat und keine Zweifel zuläßt. Mit der Bekehrung werden automatisch alle Probleme gelöst.

4. Fühl dich überlegen und bringe das zum Ausdruck: Du bist das Kind Gottes, nicht er. Deshalb solltest du auch den Gesprächsverlauf voll und ganz bestimmen.

5. Am besten ist es, wenn ihr zu zweit oder zu dritt mit einem Fremden redet, dann habt ihr die besseren Karten und größere Bekehrungschancen.

6. Sollte dein Gesprächspartner eigene Erfahrungen oder Fragen ins Gespräch einbringen wollen, so nimm sie nicht ernst; es sind nur menschliche Gedanken und Ausflüchte.

7. Äußere Umstände wie bequeme Sitzgelegenheiten, Essen oder Getränke, gemütliche Beleuchtung oder ähnliches sind unnötig und lenken nur ab. Verzichte darauf.

8. Vermeide es grundsätzlich, über etwas anderes als über den Glauben und die Bekehrung zu Christus zu reden. Themen wie Schule, Sport, Politik, Philosophie oder ähnliches sind unbiblisch und ungeistlich.

9. Empfiehl deinem Gesprächspartner als weiterführende Literatur ausschließlich die Bibel (Luther oder Elberfelder). Alle anderen Druckerzeugnisse sind völlig daneben gegriffen, da nutzlos und manchmal sogar gefährlich.

10. Sollte sich dein Gesprächspartner dann immer noch nicht bekehren wollen, so mach ihm unmißverständlich klar, welche fürchterlichen Konsequenzen (Hölle, Fegefeuer) das für ihn haben wird.

Gesprächsführung, Kommunikation und Umgang mit dem Gegenüber

Die oben aufgeführten Regeln haben dir hoffentlich schon einen kleinen Gedankenanstoß zum Thema gegeben.

Wer mit Menschen reden will, sollte sich bewußt machen, daß es nicht leicht ist, den anderen wirklich zu erreichen. Jeder, der spricht, hat sich Formen und Phrasen angewöhnt, mit denen er seine eigentlichen Gefühle und Gedanken verbirgt, um nicht verletzt zu werden. Deshalb erfordert ein offenes, ehrliches Gespräch viel Feingefühl und den ernsthaften Willen, eine echte Beziehung aufzubauen. Gerade bei missionarischen Einsätzen wollen Interessierte nicht einfach „zugelabert" werden.

Einige Fragen demonstrieren die Vielschichtigkeit der Kommunikation:

▷ Wie mache ich aus einem Gespräch unter Menschen eine Begegnung, die zu einer lebensverändernden Beziehung mit Jesus führen kann?
▷ Der Glaube ist eine schöne Bescherung! Aber wie bringe ich Menschen dazu, in ihr eigenes Überleben einzuwilligen?

▷ Wie verschaffe ich meinem Gegenüber im Verlauf eines Gesprächs Erfolgserlebnisse?

▷ Wie stelle ich es an, dem anderen auf die Beine zu helfen, ohne ihm auf die Zehen zu treten?

▷ Wie nehme ich die oft vorhandene Kampf-Atmosphäre aus den Gesprächen heraus, an der so viele Kontakte scheitern?

▷ Wie mache ich den Spruch wahr, daß es da, wo Christus gegenwärtig ist, keine Sieger und Besiegten gibt, sondern nur Versöhnte?

Ich will versuchen darauf einige Antworten zu geben:

• Vergiß nie, daß du es immer mit einem würdigen Gegenüber zu tun hast. Dein Gesprächspartner ist ein ernstzunehmendes „Du", ein von Gott geliebtes Geschöpf und kein „Fall", den es zu bearbeiten gilt. Du hast kein Missions-Objekt vor dir!

• Du bist nicht besser als der, den du bekehren willst. Formulierungen wie „Außenstehende", „Heiden" oder gar „Ungläubige" verleiten schnell zu einer Abwertung anderer Personen. Der einzige Unterschied zwischen Christen und Nicht-Christen ist der, daß die ersteren erkannt haben, daß sie Sünder sind. Wir „Missionare" sind weder im Verhalten noch in irgendeiner anderen Art reifer oder höherstehend. Laß dich deshalb niemals verführen, hochmütig die Liebe aufs Spiel zu setzen.

• Dein Gegenüber ist kein Klumpen Ton, den du nach Belieben bearbeiten kannst. Er sucht einen Partner, der ihn akzeptiert und annimmt. Auch wenn du eine verändernde *Botschaft* hast, ist es nicht deine Aufgabe, den anderen umzuformen.

• Dein vordergründiges Ziel sollte es sein, dein Gegenüber für *dich* zu gewinnen; erst danach kannst du ihn auch für deine *Inhalte* gewinnen. Je mehr dein Gesprächspartner von deiner Person und deiner Ehrlichkeit überzeugt ist, desto eher wird er auch von dem überzeugt sein, was du glaubst. Wenn du unglaubwürdig glaubwürdige Inhalte vermitteln willst, wirst du gegen Mauern laufen. Dann verlierst du nämlich nicht nur deinen Gesprächspartner, sondern auch die Chance, Menschen für Jesus zu öffnen.

Es gibt einige ganz grundlegende und wichtige Tips, die nicht nur für Straßenaktionen, sondern auch für den Alltag eine gesunde Basis schaffen können:

Gebet

Wir sollten eigentlich immer mit Gott reden und uns in diesen himmlischen Gesprächen von ihm stärken lassen! Gebet könnte eigentlich das ganze Leben durchziehen, den ganzen Tag, und nicht nur den Morgen oder den Abend. Wir denken zu oft ausschließlich an punktuelle Gebete, die zu bestimmten Anlässen absolviert werden, zum Beispiel vor dem Essen oder vor einer Aktion. Während der Straßeneinsätze selbst oder während eines Gesprächs beten die wenigsten Leute. Bei solchen Gelegenheiten denken wir normalerweise kaum an die helfende Liebe Gottes, weil wir uns schon von der Situation selbst überfordert fühlen.

Aber handhaben wir damit das Gebet nicht fast wie ein magisches Mittel, eine Zauberformel (ohne die die Aktion angeblich nicht klappt), wenn wir es nur an bestimmte Ereignisse binden? Gebet ist keine Magie, sondern das Kommunikationsmittel von Mensch zu Gott. Versuche ruhig, auch während eines Gesprächs, in einer Gebetshaltung zu bleiben und immer wieder mit Gott Kontakt aufzunehmen.

Zuhören

Höre deinem Gegenüber zu! Arbeite nicht an einer Antwort, einem Gegenargument oder einer Fragestellung, während der andere noch spricht. Überlege erst nach dem Zuhören, was du erwidern oder mitteilen möchtest. Versichere dich, daß du deinen Gesprächspartner richtig verstanden hast, indem du kurz wiederholst, was er dir gesagt hat: „Sag mal, habe ich dich richtig verstanden; du sagst, daß Gott...", oder: „Gebe ich deine Meinung richtig wieder, wenn ich sage, daß Jesus für dich...".

Das hat den Vorteil, daß dein Gegenüber

▷ merkt, daß du aktiv zuhörst.
▷ dich korrigieren kann: „Nein, du hast mich völlig mißver- standen, ich meine eigentlich...".
▷ dich bestätigen kann: „Genau, das habe ich gemeint...".
▷ sich ernstgenommen fühlt, weil du seine Aussagen noch- mal mit deinen Worten wiederholst.

Zuhören ist einer der wichtigsten Bestandteile der Ge- sprächsführung und Beziehungsarbeit. Viele Ärzte und Psychoanalytiker hören ihren Patienten einfach nur zu und lassen sie über ihre Probleme mit den Nachbarn, den Kin- dern oder den Arbeitskollegen reden, ohne daß sie selbst durch Ratschläge hervortreten.

Und manchen Patienten geht es anschließend schon viel besser, obwohl sie noch gar keine Medizin genommen oder eine Therapie begonnen haben, nur weil da endlich mal je- mand war, der zugehört hat. Die meisten Menschen haben ja im Alltag kaum noch Freunde, mit denen sie ein tiefergehen- des Gespräch führen können. Deshalb sind viele schon froh, wenn sie jemanden finden, dem sie von all dem erzählen können, was sie bewegt.

Die Telefonseelsorge ist so überlaufen wie nie zuvor. Warum? Weil es zur Ausbildung der Mitarbeiter gehört zuzuhören, das heißt, wirklich *aktiv* zuzuhören und dem anderen damit zu zeigen, daß seine Fragen und Sorgen ernstgenommen werden.

Im hektischen Alltag finden leider immer weniger Menschen Interesse am anderen und hören ihrem Gegenüber kaum noch zu. Jeder will nur „seine Sache" loswerden und an den Mann oder die Frau bringen und dabei eigentlich nicht kommunizieren, sondern sich selbst produzieren. Jeder hat an sich selbst großes Interesse, aber nur wenige denken auch an die anderen.

Diesem Manko, dieser Negativentwicklung können wir entgegensteuern, indem wir uns selbst ein wenig zurücknehmen und bewußt zuhören. Durch aktives, ehrliches und interessiertes Wahrnehmen des Gesprochenen gewinne ich den anderen viel eher für Gott als mit den besten und schlagendsten Argumenten.

Argumente erreichen den Kopf, Zuhören aber erreicht das Herz und die ganze Person. Zuhören und ehrliches Interesse bringen mein Anliegen viel eher rüber als alle meine Worte.

Geduld – Ausdauer – Gelassenheit – Frustrationstoleranz

Nur wenn ich äußere und innere Ruhe ausstrahle, kann ich auf meinen Gesprächspartner richtig eingehen, und nur dann fühlt er sich ernstgenommen. Niemals sollte ein Mensch den Eindruck bekommen, er würde von mir nur mit billigen, vorformulierten Antworten abgespeist. Wenn ich gelassen bin, kann ich mir nämlich auch die Zeit nehmen, mir eine aktuelle Anwort einfallen zu lassen. Wenn ich unter Zeitdruck stehe und mich von meiner

Nervosität beherrschen lasse, kann ich mich nicht konzentrieren, bleibe an der Oberfläche und werde komisch oder unfair.

In jede Aktion und jedes Gespräch sollten wir Zeit investieren und uns dabei nicht drängen lassen. Weder die Uhr noch ein innerer „missionarischer" Druck oder unser Gefühl dürfen uns dazu bringen, die Einsätze oder unsere Antworten und Kommentare zu übereilen.

Wir sollten auch mit Gott mehr Geduld haben, denn er nimmt sich oft viel mehr Zeit, um Dinge wachsen oder heilen zu sehen, als wir es gerne hätten und fordern. Es gehört seit langem zum Zeitgeist, schnelle Lösungen einzufordern. Alles muß ohne Verzögerung sofort erfolgreich sein, oder es ist nichts wert; Beispiel Nescafe: Kaffee in die Tasse, Wasser drauf, Kaffee fertig. Wir wollen nicht mehr warten, wie sich etwas entwickelt. Auch in frommen Kreisen stehen wir immer wieder in der Gefahr, in dieses *„Instant-Leben"* hineinzuverfallen: Wir beten schnell mal über eine Krankheit, und dann soll sie möglichst sofort verschwinden.

Diese Hektik und dieser Zeitgeist machen uns aber auf die Dauer kaputt, wir merken es nur nicht sofort.

Auch und gerade Gespräche werden durch Schnelligkeit zerstört. Es ist deshalb ratsam, uns selbst und unsere Diskussionsfähigkeit immer neu in Frage zu stellen:

▷ Versuchen wir gleich über tiefe Glaubensgeheimnisse zu sprechen?
▷ Versuchen wir mit aller Macht in jedem Satz dreimal „Jesus" zu sagen?
▷ Sind wir unzufrieden, wenn wir es nicht geschafft haben, mit dem anderen über geistliche Dinge zu sprechen?
▷ Leiden wir oder sind wir enttäuscht (von uns oder von dem anderen), wenn wir ihm keinen „Stoff" zum Nachdenken mitgegeben haben?

▷ Versuchen wir jedesmal unser gesamtes Glaubensbild darzustellen, damit auch ja nichts vergessen wird?

Empfindest du auch den Streß, der hinter diesen Fragen steht, diese Hektik, die nichts von dem Schnecken-Heilungs-Tempo verstanden hat, das Gott manchmal vorlegt?

Wir müssen mit Enttäuschungen rechnen und davon ausgehen, daß nicht jeder an einem Leben oder einer Beschäftigung mit Gott interessiert ist. Selbst Jesus konnte nicht alle Menschen von sich überzeugen, obwohl er doch die Liebe optimal vorgelebt hat. Da ist es ja schon fast überheblich, zu glauben, wir „kleinen Prediger" müßten pausenlos missionarische Erfolgserlebnisse haben. Wir müssen damit rechnen, daß Menschen nichts von Gott wissen wollen, auch wenn alles für ihn spricht.

Über sich selbst lachen können – sich selbst nicht zu ernst und wichtig nehmen

Jesus hat uns so ernst und wichtig genommen, daß wir es nicht mehr pausenlos selbst tun müssen. Er hat uns so wichtig genommen, daß er für uns am Kreuz gestorben ist! Diese Liebe Jesu kann und sollte mich motivieren, mit meinen eigenen Ansichten und Idealen etwas lockerer und unverkrampfter umzugehen. Von Gott kann man nicht verbissen erzählen. Wir dürfen loslassen und brauchen uns nicht mehr zu verteidigen. Wer nicht unverbesserlich und engstirnig argumentiert, ist auch weniger verletzlich, wenn er einmal angegriffen wird.

Je mehr ich aus der Liebe Jesu lebe, desto unverkrampfter gehe ich mit mir selbst um, weil ich in ihm zutiefst geborgen und gewollt bin. Ich suche dann nicht mehr an allen Ecken nach Anerkennung. Und wenn ich weiß, daß ich geliebt werde, kann ich auch über mich selbst lachen, muß mich nicht mehr so wichtig nehmen – und kann dann auch leichter über meine Schwächen und mein Versagen reden.

Ehrlichkeit – keine Show

Sei in deinem Zeugnis ehrlich und mach keine Show. Manche geben Zeugnis von ungewöhnlichen und faszinierenden Dingen, die sie in Predigten und Lebensberichten gehört oder in Büchern gelesen haben. Sie tun dabei so, als hätten sie alle diese „Highlights" persönlich erfahren. Die Zuhörer merken so eine Täuschung bewußt oder unbewußt. Erzähle deshalb nur von dem, was du persönlich erlebt und erfahren hast. Stell dich und deinen Glauben nicht besser dar, als es der Realität entspricht, aber mach dir auch immer wieder bewußt, daß bei Gott die kleinen, feinen Erlebnisse nicht weniger wertvoll sind als die welterschütternden. Wer sich hinter fremden Attraktionen verbirgt, mißtraut offensichtlich der Bedeutung seines eigenen Glaubens. Laß dich von deinen eigenen Erfahrungen leiten.

Je ehrlicher du bist, und je offener du vielleicht auch ab und zu von deinen Fragen und Zweifeln berichtest, desto menschlicher und damit glaubwürdiger wirkst du. Das hat eine viel größere Wirkung auf dein Gegenüber, als wenn du von fremden „Wundern" erzählen kannst. Wenn du immer nur von deinen einzigartigen und tollen Erlebnissen mit Jesus erzählst, stellst du dich recht hochnäsig als Glaubensheld dar. Wenn du aber auch von deinem Versagen erzählst, kannst du das Eigentliche deutlich machen: Daß Gott dich trotz deiner Ecken und Kanten, trotz deines Versagens und deiner Schuld liebt. Dann geht es nämlich nicht mehr um dich, sondern darum, daß Gott groß rauskommt und sich das Interesse auf ihn richtet.

Du sollst ja Gott in ein gutes Licht rücken, nicht dein eigenes Leben. Wenn du erzählst, daß Gott dich liebt, obwohl du ihn oft ignorierst, dann hat dein Gesprächspartner nicht den Eindruck, daß du dir oder ihm etwas vormachst. Je ehrlicher du von deinem Versagen, deinen Zweifeln und Fragen sprichst, desto eher nimmt man dir auch die positiven Erfahrungen ab, die du mit Gott gemacht hast.

Phantasie – Kreativität

Liebe macht erfinderisch, sagt man. Warum sind dann aber viele unserer missionarischen Aktionen so einfallslos? Liegt es vielleicht daran, daß wir meistens viel zu wenig Liebe für unser Gegenüber haben?

Gott ist der Schöpfer, der „Creator", und seine Kreativität kann auf uns abfärben. Lassen wir uns doch öfter von Gott anstecken und inspirieren! Bleib' nicht stehen bei den schon immer durchgeführten Aktionen, entwickle neue Ideen, experimentiere mit der wundervollen Botschaft Gottes. Tu dich mit anderen zusammen, überlegt gemeinsam, wie ihr originell und phantasievoll das Evangelium unters Volk bringen könnt. Verbindet Bereiche, die scheinbar nichts miteinander zu tun haben. Denn erst dadurch kommt der eigentliche kreative Moment zustande.

Käse und Evangelium haben normalerweise nichts miteinander zu tun. Der kreative Prozeß beginnt da, wo Du zum Beispiel zu einem missionarischen Käsefondue einlädst. Das kann so ähnlich ablaufen wie bei einer Tupperware-Party. Mit Einladekarten, fester Anmeldung und anderen Rahmenbedingungen gibst du der Aktion den richtigen Stil. An so einem Abend sollte eine gute Mischung von Christen und Nichtchristen vertreten sein, und das Ziel der ganzen Veranstaltung ist dann, Beziehungen zu knüpfen und Menschen mit dem gemeinsamen Essen auch zu Gott einzuladen. Eine unaufdringliche „fromme" Kurzgeschichte (zu empfehlen sind zum Beispiel die Kurzgeschichten von Albrecht Gralle) wäre ein guter Nachtisch, der den missionarischen Teil des Treffens einleitet und zu Gesprächen motiviert.

Laß deiner Phantasie beim Gestalten von Aktionen freien Lauf, und laß dich durch Fehlschläge nicht entmutigen. Die größten Fehler, die wir machen können, sind oft nicht die Dinge, die danebengehen, sondern die Dinge, die wir aus Angst vor Fehlern gar nicht erst riskieren. Wer sich nie verliebt, braucht zwar keine Angst vor Enttäuschungen zu haben, aber dafür ist sein Leben unglaublich arm.

Mut zum Risiko

Wo sind die Christen, die Mut zum Risiko haben, ihren Glauben auch mit vollem Einsatz zu verkünden und ihre ganze Person mit ins Spiel zu bringen?

Man könnte sich doch einfach einmal neben einen Obdachlosen auf die Erde setzen und ihn nach seiner Lebensgeschichte fragen. Vorher kauft man eine Tüte mit Fischbrötchen oder eine heiße Tasse Kaffee, reicht sie dem Obdachlosen und setzt sich dann einfach dazu. Gut, es wird vielleicht ziemlich übel riechen, aber denkst du wirklich, es riecht besser, wenn die Greenpeace-Leute sich gegen das Verklappen des Giftmülls in der Nordsee engagieren?

Oder wie wäre es mit einer Sitzblockade von Christen vor den Videospielen in der Spielwarenabteilung eines Kaufhauses? Dort spielen Kinder und Erwachsene, ohne nachzudenken, und genießen es, wenn sich idiotische Spielfiguren gegenseitig mit den Schuhen ins Gesicht treten. Alle Welt empört sich über die zunehmende Gewalttätigkeit von Jugendlichen, aber wenn es um Profit und Vergnügungssucht geht, hört die allgemeine Moral auf.

Dieser Gedanke wäre doch einmal einen „Körpereinsatz"
mit Mut zum Risiko wert, oder? Nebenbei: Brauchen wir eigentlich für jede Aktion einen missionarischen Aspekt? Gott
hat uns in all seiner Liebe geschaffen, er hat jedem Menschen eine Würde und einen Wert gegeben, und es ist ganz
offensichtlich eine Mißachtung Gottes und seiner Gebote,
wenn wir lernen – und sei es nur im Spiel – seine Geschöpfe
mit Füßen zu treten. Aus diesem Gedanken entwickeln sich
viele neue Möglichkeiten, über Gott und den Glauben an
ihn zu sprechen.

Originalität

Bleibe du selbst! Kopiere nicht wahllos irgendein Konzept,
das dich begeistert. Die Aktion, die du durchführen willst,
sollte zu deinem Typ passen und deinen Fähigkeiten und
Vorlieben entsprechen. Du mußt dich wirklich darin wie-
derfinden. Wenn du nur kopierst, wirkst du komisch, vielleicht sogar lächerlich, und im schlimmsten Fall unehrlich
und damit erfolglos.

Es kann sein, daß die Aktionen, die ich in diesem Buch vorstelle, genau das richtige für dich sind. Vielleicht sagst du:
„Mann, darauf habe ich schon lange gewartet, warum ist mir
das selbst bisher noch nicht eingefallen?" Dann nimm meine
Aktionen, probiere sie aus, und nutze sie zu deinem eigenen
Zugang in die faszinierende Welt der Fußgängerzonen. Oder
verändere sie so, daß sie zu dir passen.

Vielleicht sagst du aber auch: „Schrecklich, das könnte ich
niiiieee...". Dann mach dir nichts draus. Meine Aktionen
sind nur eine kleine Auswahl von unendlich vielen Möglichkeiten, Menschen zu erreichen. Versuche, die Art zu finden, die dir entspricht. Entdecke deine eigenen Begabungen
und Möglichkeiten, erkenne aber auch vor dir selbst und
vor Gott deine Grenzen.

Kein frommer Leistungs- und Bekehrungsdruck

Beim Endspiel eines Fußballturniers, bei dem der Sieger durch seine Punkte eigentlich schon feststeht und bei dem es nur pro forma ein Abschlußspiel geben muß, spielen beide Mannschaften viel lockerer und kreativer als bei einem Qualifikationsspiel zwischen zwei Mannschaften, die beide unbedingt gewinnen müssen. Bei einem Entscheidungskampf wird hart getreten, verbissen gespielt und der Gegner oft aggressiv und unfair behandelt.

Ähnlich verlaufen oft Gespräche oder Diskussionen, in denen der eine oder andere meint, daß er unbedingt gewinnen muß. Bei missionarischen Gesprächen sollte es aber anders sein: Denk daran, du hast schon gewonnen, das heißt Jesus hat schon für dich die entscheidende Schlacht geschlagen. Es kann auch 3:0 gegen dich stehen, weil du Fragen nicht beantworten kannst oder völlig den Faden verlierst. Mach dir nichts draus, du kannst gelassen bleiben. Du brauchst Gott nicht gegen deine menschliche Schwäche zu verteidigen, er kann nicht verlieren. Dein Gespräch auf der Straße sollte niemals ein Kampf um Glaubenspunkte sein. Weil du Gottes Liebe erfahren hast, darum stehst du da. Gott ist gut, er muß nicht mit harten Geschäftsmethoden verkauft werden.

Selbst wenn jemand weggeht, bevor du mit ihm über den Glauben gesprochen hast – mach dir nichts draus. Gott hat nicht nur dich, um Menschen zu erreichen. Immer wieder erlebe ich, daß viele, die von sich behaupten, sie hätten eigentlich überhaupt keinen „Missionsstreß", in den Begegnungen auf der Straße dann doch verkrampft versuchen, unbedingt sofort ein missionarisches Gespräch zu führen. Sie tun so, als ob ihr Gegenüber nie mehr die Möglichkeit hätte, von Gott erreicht zu werden. Sie können Menschen einfach nicht „so gehenlassen" und strahlen deshalb auch nichts mehr von der Freiheit des Glaubens aus.

Schlagfertigkeit und Humor

Geh die Gespräche nicht bitterernst an, sondern sei fröhlich und zeige Humor. Mach deutlich, daß du auch über dich selbst lachen kannst. Nimm dazu dich und deine Meinung nicht allzu ernst. Wir haben eine wirklich „Frohe Botschaft" weiterzugeben, deshalb solltest du mit deiner ganzen Ausstrahlung zeigen, daß es um etwas Frohes, Befreiendes geht, bei dem der Mensch aufatmen darf.

Sei locker und unverkrampft, wage ruhig mal eine kleine liebevolle(!) ironische Bemerkung, die zeigt, daß du dich und deinen Laden auch mal auf die Schippe nehmen kannst. Wer lachen kann, demonstriert, daß er weiß, worauf es wirklich ankommt. Wer immer ernst ist, wirkt völlig gefühllos.

Anschaulichkeit

Jesus hat nicht zufällig in seiner Verkündigung viele Bilder und Gleichnisse gebraucht. Einem Blinden Farben zu beschreiben ist fast unmöglich. Vor dieser Situation stehen wir aber, wenn wir anderen Menschen von unserem Glauben erzählen wollen. Einem, der noch nichts von Gott weiß, den Glauben zu vermitteln, ist keine kleine Herausforderung. Da können Bilder, Beispiele und Gleichnisse sehr hilfreich sein. Sie überfordern den Gesprächspartner nicht und versuchen, ihm Jesus mit den Worten zu erklären, die er kennt und versteht.

Besorge dir in einer christlichen Buchhandlung Bücher, die für die Erklärung und Darstellung des Glaubens Gleichnisse und Bilder benutzen. Frag deinen Buchhändler danach.

Ausstrahlung

Nicht nur deine Worte sprechen, auch dein äußeres Erscheinungsbild sagt etwas über den Wert deiner Aussagen! Du mußt auf der Straße kein Otto-Normal-Typ sein, aber gepflegt und sauber solltest du schon aussehen. Mach dir klar, was Mode und Outfit für Reaktionen hervorrufen können: Je extremer du kleidungsmäßig aussiehst, desto weniger Leute wirst du ansprechen. Jemand mit Anzug und Schlips wird wohl kaum Freaks, Penner und Jugendliche erreichen. Umgekehrt spricht ein ausgeflippter Freak mit langen oder extrem kurzen Haaren, bunter kreativer Kleidung und wildem Schmuck kaum ältere und etwas „gesetztere" Menschen an; und ganz sicher keine Jung-Manager. Das ist alles nicht problematisch, aber man sollte sich vor der Aktion darüber Gedanken machen, um keine falschen Erwartungen von seinem Zielpublikum zu haben.

Erzähle konkret

Verzichte im Gespräch auf den Gebrauch des unpersönlichen „man", und sage stattdessen „ich". Nicht: „Man kann Gott wirklich erleben", sondern: „Ich habe Jesus erfahren". Es geht ja stets konkret um Menschen, um dich und dein Gegenüber, und nicht um eine neutrale oder allgemeine Sache. Und je eher du eine persönliche Ebene aufbauen kannst, umso schneller kommst du zum Kern deines Gesprächs. Zeige, daß du etwas Besonderes erfahren hast, das du gerne mit anderen teilen möchtest.

Wer immer nur von allgemeinen Glaubensgrundsätzen redet, drückt sich oft nur vor dem klaren eigenen Bekenntnis. Das aber wird ein Zuhörer schnell merken. Außerdem ist ein „Mir hat einmal ein Gebet geholfen" zehnmal wertvoller als ein großspuriges „Es ist ja bekannt, daß Jesus Wunder tut".

Vermeide es, deinen Partner anzuklagen

Wenn du im Gespräch bist, solltest du deinem Partner niemals Vorwürfe machen oder bei ihm auf andere Weise versuchen, ein schlechtes Gewissen zu erzeugen. Wenn du anders denkst als er, nimm ihn trotzdem ernst, und lasse seine Meinung erst einmal stehen; auch der andere hat sich möglicherweise viele Gedanken über das Thema gemacht. Sage ihm nicht, was und wie er denken soll, sondern versuche, seine Darstellung oder seine Argumente zu verstehen. Das heißt ja noch lange nicht, daß du sie widerspruchslos akzeptieren mußt. Frage ihn, wie er zu seiner Meinung gekommen ist und was ihn veranlaßt hat, so zu denken. Das hat zur Folge, daß er sich verstanden fühlt und erkennt, daß du ihn auch in seiner Andersartigkeit nicht verurteilst.

Wenn du ein Feedback erhältst, sei es positive oder negative Kritik, höre ruhig zu und versuche nicht gleich, dich zu verteidigen oder die Sache „klarzustellen". Auch hier gilt: Deine gesamte Ausstrahlung und die Art, wie du reagierst, sind viel bessere Argumente als jede logische Erklärung!

Beurteile dein Gegenüber nicht nach deinen eigenen Wertmaßstäben, sondern orientiere dich an dem, was der andere braucht. Wenn du zum Beispiel über den Glauben sprichst, und dein Gegenüber fängt an, von den Hexenverbrennungen im Mittelalter zu reden, kannst du ihn natürlich darauf hinweisen, daß die beiden Themen eigentlich nicht viel miteinander zu tun haben. In diesem Fall hast du zwar etwas klargestellt und zurechtgerückt, aber du hast deinen Gesprächspartner dadurch noch nicht für den Glauben gewonnen.

Laß ruhig auch mal Mißverständnisse und komische Ansichten über Gott, den Glauben und die Kirche im Raum stehen. Versuche lieber herauszubekommen, was dein Gesprächspartner mit dieser oder jener Aussage bezwecken und sagen will. Versuche nicht, ihn sofort zu korrigieren, sondern die Hintergründe seiner merkwürdigen Einstellungen zu verstehen.

Ein alter Indianerspruch lautet: „Bevor du jemanden beurteilst, solltest du ein Jahr lang in seinen Mokassins laufen . . ."

Störungen

Störungen sollten vorrangig beseitigt werden. Etwa dann, wenn schlechte Gefühle dem ungezwungenen Ablauf des Gesprächs im Wege stehen, oder wenn ein Bekannter vorbeikommt und es einem von euch unangenehm ist, weiterzureden. Auch wenn einer von beiden unter Zeitdruck steht, friert, nicht mehr stehen kann oder durch irgend etwas anderes von den eigentlichen Inhalten abgelenkt wird, ist es wichtig, erst einmal für bessere Gesprächsbedingungen zu sorgen. Teile deinem Gegenüber deine Gefühle oder Bedenken mit und sprich mit ihm darüber. Ermuntere ihn, ebenfalls auszusprechen, was aus seiner Sicht das Gespräch negativ beeinflußt. Verabredet im Zweifelsfall lieber eine neue Zeit und einen neuen Ort, wo ihr ungestört und in Ruhe weiterreden könnt.

Argumente

Wir laufen oft Gefahr, Fragen zu beantworten, die der andere gar nicht gestellt hat und die ihn vielleicht auch gar nicht interessieren. Wir reden von Themen, bei denen wir den Eindruck haben, sie seien für den anderen sehr wichtig, und merken gar nicht, daß sie für ihn völlig belanglos sind. Uns selbst beschäftigen diese Fragen, und deshalb reden und argumentieren wir so gerne darüber, daß es aber niemals zu einem wirklichen Dialog kommt.

Wir sollten uns disziplinieren und nur die Fragen beantworten, die der andere auch beantwortet haben möchte.

Wenn ich jeden Punkt nutze, um meine Meinung ins Gespräch zu bringen oder dauernd nicht gestellte Fragen erläutere, zeigt das meinem Gegenüber nur, daß ich seine Worte nicht wirklich registriert habe.

Wenn der andere etwas von meinem Glauben und seinen Auswirkungen in meinem Leben wissen will, dann kann ich ausführlich und in Ruhe davon erzählen. Wenn sich mein Gesprächspartner aber überrannt fühlt, wird er ohnehin nicht vernünftig zuhören. Kommt der richtige Zeitpunkt, sollte ich natürlich klar sagen, was ich gerne weitergeben möchte; *aber nicht vorher.*

Kaum ein Raucher hört auf zu rauchen, weil man ihn argumentativ davon überzeugt hat, und niemand verliebt sich auf Grund von Argumenten. Das trifft natürlich auch auf die Bekehrung zu. Nicht die ausgefallenste Aktion oder das beste Argument bewirken in einem Menschen, daß er Christ wird, sondern nur der Geist Gottes.

Er ist zum Glück nicht nach unseren Vorstellungen verfügbar und herbeizitierbar, auch wenn manche Christen gerne den Eindruck erwecken, sie hätten den Geist Gottes in der Tasche. Glaube nicht, daß *du* den anderen von Gott überzeugen müßtest – das kann nur der Heilige Geist!

Trotzdem solltest du gute, durchdachte Argumente für deinen Glauben haben und nicht nur aus dem Bauch heraus reden. Argumente für den Glauben sind so etwas wie ein Gerüst, das mir Sicherheit gibt, wenn einmal „Gegenwind" aufkommt. Im Alltag brauche ich Argumente – wenn meine anfänglichen Glücksgefühle verblassen, ich in Krisen gerate oder wenn mein „Bauch" nicht mehr trägt. Das heißt aber nicht, daß ich in jedem Gespräch ständig meine Argumente vor mir hertragen muß. Auch hier ist es wieder eine Frage der Disziplin, daß ich mich beherrsche und meine vielleicht besseren Argumente für Gott nicht aus dem Sack lasse, sondern schweige. Niemand freut sich, wenn er niederdiskutiert wird. Mein vordergründiges Ziel muß es sein, die Argumente des anderen nachzuvollziehen, auch wenn sie vielleicht nicht schlüssig sind. Mein Ziel ist es ja nicht, den anderen in logischer Hinsicht zu übertrumpfen.

Denn was ist, wenn der andere kein Gegenargument mehr vorzutragen weiß? Wird er dann automatisch Christ? Kommt er dann zu dem Schluß: „Weil alle Argumente für Gott sprechen, bekehre ich mich halt"? Das wäre sehr schön, aber es ist nun einmal nicht die Realität. Viele Menschen bekehren sich aufgrund von Lebenskrisen, oder weil sie begreifen, daß Jesus sie liebt – aber nicht, weil sie vorher die theoretischen und logischen Grundlagen des Glaubens studiert hätten. Natürlich gehört es dazu, daß die verstandesmäßige Erkenntnis später nachgeholt wird. Neue geistliche Erkenntnisse begleiten uns sogar hoffentlich das ganze Leben lang. Bekehrungen an sich sind aber oft viel mehr das Ergebnis einer Beziehungsarbeit, deshalb sollten wir uns vor allem darauf vorbereiten, wie wir eine gute Beziehung aufbauen können.

Teile deinem Gegenüber die Botschaft Jesu mit und erzähle ihm von deinen Erlebnissen mit Jesus und von deinem Glauben. Aber Vorsicht: Deine Erfahrungen sind nicht die Grundlage für die Wahrheit! Du kannst mit deinen Erfahrungen manchmal sogar ganz falsch liegen. Bei genauer Betrachtung könnten sich einige deiner Erlebnisse als sehr menschlich herausstellen, obwohl du sie geistlich interpretierst.

Der andere sollte aber auch gesagt bekommen, daß der Glaube nicht nur aus Theorie oder einem rein gedanklichen Konzept besteht, sondern daß er in deinem Leben und Alltag verankert ist, dich verändert und herausfordert.

Eine gute Mischung von biblischen Tatsachen und subjektiven Erfahrungen ist sicher angebracht.

Willst du eher über-zeugen oder be-zeugen? Die Kommunikationswissenschaft unterscheidet nämlich zwei Formen der „Überzeugung": die Meinung und die Attitüde (wobei dieser Begriff hier ganz positiv belegt ist).

Eine Meinung ist eine relativ leicht geäußerte Stellungnahme, eine Ansicht oder ein Urteil mehr äußerlicher Art, ohne große Motivationskraft für das Handeln.

Eine Attitüde dagegen ist eine tiefe, *in der Persönlichkeit* verankerte Einstellung, also eine Haltung oder Gebärde, die wirklich etwas mit mir zu tun hat. Attitüden entstehen durch eigene Erfahrungen und sind mit den verschiedenen Teilbereichen der Persönlichkeit, also mit dem Gefühl und dem Willen, fest verbunden. Sie motivieren mich und sind wesentlich stabiler als Meinungen. Dafür sind sie weniger einfach zu verbalisieren, das heißt, ich kann nicht so leicht darüber reden wie über eine Meinung. Deshalb brauchst du trotzdem keine Angst vor fehlenden Worten zu haben. Bleib gelassen!

Attitüden müssen aus dem Verhalten geschlossen werden. Die wirksamste Form des Zeugnisses wird also die sein, jemandem zu schildern, *wie* man selbst ganz persönlich mit Jesus *lebt*. Bedenke, du gehst nicht mit einer Meinung auf die Straße, sondern mit einer Lebens-Attitüde.

Geh zu ihm hin – hol ihn ab – nimm ihn mit

„Geh zu ihm hin" bedeutet: Du tauchst ein in die Erlebniswelt deines Gesprächspartners, in seine Fragen, Zweifel und Erfahrungen mit Glaube, Gott, Kirche und den Christen. In dieser Phase bist nicht du gefragt, sondern nur dein Gegenüber. Du erkundigst dich nach seiner Meinung, seiner Einstellung, seiner Welt. Du fragst ihn einfach, was ihn veranlaßt hat, so oder so zu denken, zu handeln und zu glauben.

„Hol ihn ab" heißt: Du versuchst, den anderen in seiner Welt zu verstehen. Du läßt ihn aber nicht dort stehen, sondern bietest ihm an, eine neue Wegstrecke zu denken, zu glauben und vielleicht auch gemeinsam zu gehen. Dabei nimmst du seine Ängste, Zweifel und Fragen ernst. Nimm dabei nicht deinen Erkenntnisstand zum Maßstab.

„Nimm ihn mit", das heißt: Du begleitest dein Gegenüber, betreust ihn, betest mit ihm gemeinsam, liest mit ihm in der Bibel, besuchst mit ihm gemeinsam den Gottesdienst und sprichst mit ihm über seine ersten Schritte im Glauben.

Angst

Glaubst du vielleicht, daß nur du Angst hast, mit jemandem zu reden? Dein dir noch unbekanntes Gegenüber auf der Straße hat sie genauso. Und wenn er das Gefühl hat: „Gleich stürzt einer auf mich zu, um mich anzuquatschen", rennt er schnell weiter oder bleibt erst gar nicht stehen. Aber je eher ich schon durch die Art meines Auftretens zeige, daß der andere bei mir zu Wort kommt, daß ich an ihm Interesse habe und er selbst gefragt ist, desto leichter wird er stehenbleiben und seine Angst überwinden.

Die große Kunst der Straßenaktionen und jedes missionarischen Gesprächs ist es, dem Passanten die Schwellenangst zu nehmen und seine Neugier zu wecken.

Erfolgserlebnisse

Verschaffe deinem Gegenüber ehrliche(!) Erfolgserlebnisse, und du wirst ihn gewinnen. Wenn du ihn angreifst, muß er sich verteidigen und wehren – dann wirst du ihn meist zwangsläufig verlieren. Auch wenn du ihn kritisierst, muß er sich rechtfertigen, und du wirst ihn nicht für Jesus öffnen, sondern verschließen, denn dann schaltet er logischerweise alle Kanäle auf „Abwehr".

Dem Gesprächspartner Erfolgserlebnisse zu verschaffen, könnte zum Beispiel heißen,

▷ daß du ihm sagst, daß die Fragen, die er gestellt hat, zentrale und sehr wichtige Fragen sind;
▷ daß du dich freust, wie offen und ehrlich er fragt;
▷ daß du ihm deinen Eindruck mitteilst, daß nur wenige über ein bestimmtes Thema so intensiv nachgedacht haben wie er.

Du könntest auch mal äußern, daß du es lobenswert findest, daß dein Gegenüber sich überhaupt für solche Fragen (Glaubens-, Lebens-, Sinnfragen) interessiert, stehenbleibt und darüber redet. Viele verdrängen ja die Themen, die ihr ganzes Leben in Frage stellen könnten. Dein Gegenüber aber zeigt sich offensichtlich bereit, darauf einzugehen. Das könnte man ja auch einmal positiv erwähnen.

Wichtig ist bei diesem Feedback: Es muß ehrlich sein und darf nicht schmeichlerisch wirken!

Kampfatmosphäre

Nimm die Kampfatmosphäre aus dem Gespräch, laß dich nicht auf ein Kräftemessen, einen Schlagabtausch oder eine Diskussion ein! Lerne lieber, auch mal einzustecken, und du wirst viel mehr gewinnen! Wir brauchen Gott nicht zu verteidigen! Wir können es uns leisten, großzügig zu sein!

Treibe deinen Gesprächspartner nicht in die Enge, weder mit Worten, noch mit vielen Personen oder Verteilschriften. Sprich mit ihm allein, und konfrontiere ihn nicht mit mehreren Ansprechpartnern. Wenn Ihr zu zweit seid, kann der eine ja mit genügend Abstand unaufdringlich und unerkennbar für das Gespräch beten.

Es muß in jedem Gespräch „Chancengleichheit" geben. Wenn zwei mit einem reden, ist der einzelne oft in der Verteidigungshaltung. Häufig fühlt er sich dann von zwei Seiten in die Enge getrieben und glaubt, er müsse an beiden Fronten gleichzeitig um seine Überzeugung kämpfen.

Versuche jede Diskussion in ein *Gespräch* zu verwandeln. Eine Diskussion ist ein Austausch von Argumenten. Du willst aber nicht Argumente kennenlernen, sondern einen Menschen. Du bist an ihm als ganzer Person interessiert, nicht nur an seinen Meinungen. Was nützt es, wenn du im Kampf um den schlaueren und überzeugenderen Spruch gewonnen hast und dabei die Person verlierst? Sage deinem Gegenüber auch offen, daß du nicht kämpfen oder ihn zwanghaft bekehren willst, sondern an ihm als Menschen interessiert bist.

Sei durchsichtig

Du führst die Aktion nicht durch, um dich in den Mittelpunkt zu stellen. Jesus soll ins Gespräch gebracht werden, nicht der Missionar und seine ungewöhnliche Aktion. Wenn die Zuhörer nachher Jesus im Gedächtnis behalten, dürfen sie ruhig alles andere wieder vergessen. Weise immer wieder von dir weg und hin zu Jesus. Vielleicht nicht unbedingt mit Worten, aber mit deiner Gestik und deiner ganzen Haltung.

Laß immer wieder durch deine Aktionen, dein Leben und dein Reden Jesus durchscheinen, sei wirklich durchsichtig für seine Liebe und laß Gott offenbar werden!

DIE AKTIONEN

1. Ich wurde reich beschenkt

Die Aktion

Vor einer Hauswand, einem Blumenkasten, einem Verkehrsschild oder ähnlichem setzt du dich in der Fußgängerzone auf die Erde, so, daß du niemanden behinderst. Vor dich stellst du eine flache Pappschachtel, in der sich Geldmünzen (0,10/ 0,50/1,–/2,– DM) befinden (ca. 20 bis 30 Mark in Kleingeld). Etwa den gleichen Betrag solltest du noch einmal in Reserve bereithalten und immer wieder mal ein paar Münzen nachlegen, wenn sich nicht mehr genügend Kleingeld in der Schachtel befindet. Achte darauf, daß nicht nur 10-Pfennig-Münzen, sondern auch genügend Silbergeld in der Schachtel liegt.

Du hältst ein kleines Pappschild vor Dich, mit der Aufschrift: „Ich wurde reich beschenkt, nimm Dir was raus!" oder „Bin reich beschenkt worden. Bitte bedienen Sie sich!"

Schreib' deutlich und nicht zu klein, damit die Leute den Satz im Vorbeigehen gut lesen können.

Verkleide dich nicht als Bettler, sondern setz dich in deinen ganz normalen Klamotten auf die Erde. Es kommt sonst bereits im Vorfeld sehr leicht zu Mißverständnissen, die der ganzen Aktion nicht dienlich sind.

Wichtig ist, daß sich keiner mehr als ein Geldstück nimmt. Wenn jemand mehr haben will, sag einfach, daß es ja noch für die anderen reichen soll. Du wolltest nicht einfach nur Geld verschenken, sondern durch das Verschenken ins Gespräch über die Aktion kommen. Das sei das letztendliche Ziel. Wer nicht genügend Geld hat, um mal eben so ohne weiteres 50 bis 100 Mark auf der Straße zu verschenken, kann natürlich statt dessen auch Bonbons, Plätzchen oder ähnliches in einem netten Korb anbieten.

Leg' nicht zu viele Münzen in die Schachtel (etwas mehr als Boden bedeckt). Vorsicht ist besonders bei Schulklassen angesagt (siehe auch die auf den folgenden Seiten geschilderten Erfahrungen). Wenn eine ganze Gruppe auf dich zukommt und es nicht schon zu spät ist, dreh am besten das Schild um und warte, bis „die Luft wieder rein ist".

Laß dich nicht in Endlosgespräche verwickeln. Viele Passanten haben zu viel Zeit und wollen sich oder dir irgend etwas beweisen. Du merkst sehr bald, wer wirklich an deinem Anliegen interessiert ist.

Eine ungewohnte Situation ist es anfangs, vom Boden aus ernsthafte Gespräche zu führen. Das Gegenüber redet etwa einen Meter über mir, und wir unterhalten uns über den Sinn des Lebens. Trotz allem kann man sich auch daran gewöhnen. Wenn du es vorher weißt, kannst du dich darauf einstellen.

Wo soll ich hinschauen? Wenn ich geradeaus gucke, sehe ich immer nur vorbeilaufende Beine. Sehe ich also den Leuten hinterher oder besser entgegen? Das sind zwar Nebensächlichkeiten; sie können einen zuerst aber ganz schön verwirren. Ein Teilnehmer aus meinem Seminar, der diese Aktion zum erstenmal durchführte, schaute den Passanten, die ihm entgegenkamen, immer direkt in die Augen. Das machte keinen guten Eindruck, denn es wirkte bettelnd, doch bitte, bitte stehenzubleiben. Er übte damit unbewußt Druck auf die Leute aus, und es war klar, daß sie dem auswichen. Je unverkrampfter und normaler du in die Gegend schaust, desto besser. Starre also nicht ins Leere, aber nimm eine Person auch nicht direkt aufs Korn.

Gespräche und Erfahrungen

● „Meinen Sie das ernst?"

„Ja."

„Das glauben Sie ja selbst nicht."

„Doch, wirklich, Sie können sich da was rausnehmen."

„Das hat's ja noch nie gegeben."

„Ja, aber alles fängt irgendwann mal an."

„Was sind Sie denn von Beruf? Woher haben Sie eigentlich das Geld?"

„Ich arbeite ganz normal als Kaufmann, und das hier ist mein eigenes Geld."

„Soll ich jetzt mein Geld auch verschenken wie Sie? Das geht doch gar nicht. Wenn Sie alles verschenken wollen, haben Sie ja anschließend gar nichts mehr."

„Richtig, die Aktion ist zwar ernst gemeint, das heißt, Sie können sich wirklich etwas nehmen. Aber darüber hinaus hat sie symbolischen Charakter. Ich möchte gern durch die Aktion anregen, mal darüber nachzudenken, warum wir nicht mehr abgeben. Wir sollten nicht immer alles für uns behalten. Warum teilen wir unser Geld nicht mit Menschen, die viel weniger haben und die es nötiger brauchen als wir, zum Beispiel in der Dritten Welt?

Die Gebäude der Versicherungsgesellschaften haben in unseren Städten nach Umfang und Höhe schon lange die Bedeutung der früheren Kirchen und Kirchtürme eingenommen.

Aber auch mit unserer Zeit, unserer Freundschaft und anderen Dingen sollten wir nicht geizen, sondern sie für andere einsetzen."

„Was heißt denn: ‚Sie wurden reich beschenkt?' "

„Ich bin Christ und bin von Gott reich beschenkt worden, mit Freunden, Energie, Zeit, Liebe, Geld und vielem anderen. Das möchte ich mit anderen teilen und nicht nur ständig an mich denken. Mir gelingt das zwar nicht immer, aber ich will mich mit meiner egoistischen Einstellung auch nicht zufriedengeben. Ich will meinen Lebensstil immer wieder neu hinterfragen. Deshalb ist diese Aktion nicht nur an Sie und die anderen Passanten gerichtet, sondern immer gleichzeitig auch an mich selbst."

● „Meinen Sie das ernst, daß man sich da was rausnehmen darf?"

„Ja, das meine ich ernst."

„Warum machen Sie das?"

„Ich möchte gerne mit Ihnen ins Gespräch kommen."

„Worüber?"

„Wissen Sie, die Fußgängerzonen sind doch ein typisches Abbild unserer Gesellschaft. Jeder will immer nur etwas vom anderen, auch von Ihnen. Jeder will mein Geld, und jeder benutzt seine eigene Methode, um es zu bekommen. Der eine bietet mir Kaffee an, der andere Schuhe, Bananen oder was auch immer. Und das ist eigentlich unmenschlich, wenn jeder immer nur etwas vom anderen fordert und nicht mehr bereit ist, selber ohne Vorbedingung abzugeben oder zu teilen."

„Da bin ich ganz Ihrer Meinung. Ich finde Ihre Denkanstöße sehr gut. Dann wünsche ich Ihnen noch weiterhin gute Gespräche."

„Danke, aber Sie können sich, bevor Sie gehen, noch etwas aus der Schachtel nehmen."

„Nein, nein, heben Sie lieber das Geld auf für Leute, die es nötiger haben als ich."

„Aber bei der Aktion geht es doch gar nicht um ‚Nötighaben' oder nicht; es geht einfach darum, sich beschenken zu lassen. Wir haben uns angewöhnt, immer nur zu schenken, wenn es jemand nötig hat oder wenn es einen bestimmten Anlaß gibt, wie Geburtstag, bestandener Führerschein, Firmenjubiläum, Konfirmation und so weiter. Aber ist das der einzige Sinn von Geschenken? Machen Sie doch mal Ihrem Nachbarn oder dem Straßenbahnfahrer oder dem Kiosk-

Verkäufer an der Ecke ein unerwartetes, ‚unverdientes‘ Geschenk, ohne jeden Anlaß. Sie werden erstaunt sein, wie überrascht Ihr Gegenüber reagiert."

● „Da steht, daß Sie reich beschenkt wurden. Haben Sie eine Erbschaft gemacht, oder besitzen Sie einen reichen Onkel in Amerika? Wem gehört eigentlich das ganze Geld?"

„Ich habe weder eine reiche Verwandschaft, noch habe ich eine Erbschaft gemacht. Ich gehe einem ganz normalen Beruf nach. Ich verstehe die Aussage ‚Ich bin reich beschenkt‘ so: Ich bin Christ und bin von Gott reich beschenkt mit Zeit und Liebe, Kraft, Begabungen und auch Geld. Und von Gott möchte ich lernen, mit anderen zu teilen. Das kann auch so aussehen, daß ich meine Zeit für andere investiere und zum Beispiel Asylantenkindern helfe, Deutsch zu lernen. Oder ich teile mein Geld mit den Menschen, die fast verhungern und nicht nach einem neuen Programm für ihren Computer fragen, sondern nur nach einer Schale Reis. Gott hat sich in Jesus selbst ‚verschenkt‘, er verschenkt Liebe bedingungslos, und von ihm möchte ich lernen, das ebenfalls zu tun. Das heißt nicht, daß ich das alles schon kann und perfekt darin bin, aber ich will mich hinterfragen lassen. Ich will das Verschenken immer wieder neu einüben, in ganz unterschiedlichen Situationen."

„Ich wußte gar nicht, daß Sie sich als Christ entpuppen. Zuerst dachte ich, Sie seien ein Bettler. Dann hat mich Ihre normale Kleidung, die ja für Bettler eigentlich ungewöhnlich ist, irritiert. Als ich Ihren Spruch las, dachte ich, Sie seien ein Spinner. Bei Ihrer Erklärung habe ich Sie dann in die linksalternative Ecke gesteckt, und zum Schluß kommt ein Frommer dabei raus. Sie überraschen mich wirklich."

„Wenn es bei der Überraschung bleiben würde, wäre das etwas wenig. Ich möchte eher ins Nachdenken bringen, beziehungsweise zum Verändern von Lebensgewohnheiten

motivieren. Aber Ihre verschiedenen Schubladen und Vorstellungen über mich kann ich gut nachvollziehen. Sie
sehen, wie oft man sich täuschen kann und völlig an der
Realität vorbeidenkt. – Wollen Sie sich nicht zum Schluß
noch ein Geldstück nehmen?"
„Ach nee, lassen Sie mal . . ."

● Während ich mit einer Traube Menschen über meine Ak-
tion spreche, unterbricht mich ein älterer Herr:
„Meinen Sie das ernst, was da auf dem Schild steht?"
„Ja, das meine ich ernst."
Daraufhin beugt er sich vor und sucht sich das kleinste
Geldstück, ein Zehnpfennigstück, aus der Schachtel heraus.
Sofort beugen sich auch zwei kleine Kinder vor und neh-
men sich das größte Geldstück heraus, jeweils ein Zweimarkstück; sie sind überglücklich. Ich habe diese Begebenheit gleich zu einer Situationspredigt genutzt:
„Wissen Sie, was hier abläuft, steht eigentlich schon in der
Bibel. Jesus sagt, wir sollen werden wie die Kinder. Die Kinder haben es viel leichter, sich beschenken zu lassen. Wir
Erwachsenen legen eine merkwürdige Bescheidenheit an
den Tag, so eine Plastik-Bescheidenheit. Wenn wir ganz ehrlich sind, hat sie eher mit Stolz zu tun als mit dem Wunsch,
dem anderen nicht wegzunehmen, was ihm gehört. Wir
sind zu stolz, uns beschenken zu lassen. Deshalb haben
auch so viele Menschen Probleme mit Jesus und dem Glauben. ,Ärmel hochkrempeln, in die Hände gespuckt, wir
schaffen das Bruttosozialprodukt', das ist die Devise der
Neuzeit. Sich nur nichts schenken lassen! Aber Jesus meint,
daß der, der in das Reich Gottes möchte, sich beschenken
lassen muß. Er muß Bettler werden. Wir können sowieso
nur mit leeren Händen kommen, weil vor Gott nicht das
zählt, was wir alles geschafft und geleistet haben. Wir müssen werden wie die Kinder. Nicht Leistung ist entscheidend.
Das, was eigentlich zählt, ist die Frage, ob wir uns von Gott
beschenken lassen können oder zu stolz dafür sind!"

● Je nach Ort gibt es natürlich auch Menschen, die mein Schild entweder gar nicht oder nur oberflächlich lesen und denken, ich würde betteln. Daraus ergeben sich dann die verrücktesten Mißverständnisse. Einmal gab mir eine ältere Frau Geld, mit dem Hinweis: „Sie sind der erste Bettler, der vernünftig angezogen ist, Ihnen gebe ich gerne was . . ."

● In Wuppertal saß ich vor einem Blumenkasten, während vor mir eine Traube von Menschen stand, die mit mir über meine Aktion sprachen. Plötzlich kam ein Schwarzer vorbei, der in Deutschland studierte. In gutem Deutsch beschimpfte er die Fußgänger, die vor mir standen, wie dumm sie seien, mir Geld zu geben. Ob sie nicht wüßten, daß ich mit dem Geld doch nur in die nächste Kneipe gehen und alles versaufen würde.
Die anderen versuchten vergeblich, ihm zu erklären, daß ich gar nicht bettele, sondern Geld verschenke. Er hatte aber nicht richtig zugehört und meinte, die anderen wollten ihn davon überzeugen, mir doch auch etwas zu spenden. Er hielt sie für verrückt und unverbesserlich. Ich saß auf der Erde, hörte über meinen Kopf hinweg die Diskussion mit den gegenseitigen Beschimpfungen an und wußte nicht, ob ich lachen oder heulen sollte . . .

● In Frankfurt gab ich eines meiner vielen Schulungs-Seminare über die Aktionen. Anwesend war auch ein junger Mann, der das Gehörte später in der eigenen Gemeinde vorstellte. In seinem Vortrag wiederum war ein junger Mann, der kurze Zeit später das Gehörte umsetzte und sich in Hamburg in die Fußgängerzone setzte, um Geld zu verschenken. Zufällig kam ein Reporter der „Bild"-Zeitung vorbei, der spontan einen Artikel über die Aktion schrieb. Fast ein frommes Traktat, eine halbe Seite lang, und das kostenlos – und in der „Bild am Sonntag" wurde der Artikel gekürzt nochmal wiederholt . . .

Spinner oder was?
Markus verschenkte Geld

Von CLAUS PETER BRUNS

In der Hamburger Fußgängerzone hockt ein junger Mann mit Karton. Ganz klar: Der bettelt. Die Leute gucken, stutzen, bleiben stehen. Was ist das denn? Der will nix, der verschenkt was! Der verschenkt bares Geld! Na, was dann passierte, kann man sich ausmalen...

Der Typ saß wirklich da: Letzte Woche. Tausende unterwegs. Markus von Oehsen, 19, Zivildienstleistender aus Bremervörde, mit Pappschild neben dem Karton: „Ich bin reich beschenkt worden. Nimm dir was raus". Und im Karton lag ein Haufen Kleingeld.

Erst passierte gar nichts. Dann kamen zwei Jungs. Gucken, staunen, drucksen, „Sag mal, ist das wirklich ernst gemeint...?"

Markus: „Ja, klar. Steht doch da."

Die beiden beratschlagen, flüstern. „Sollen wir wirklich...?"

Dann ziehen sie glücklich ab, jeder mit einer Mark.

Ein Geschäftsmann: „Haben Sie vielleicht geerbt?" Kopfschüttelnd geht er weiter. Eine Hausfrau: „Im Lotto gewonnen?"

Inzwischen stehen die Leute dicht gedrängt, Markus muß nun erklären, was das alles soll. Man muß dazu wissen, daß er zur „Freien evangelischen Gemeinde" gehört und mit christlichem Eifer denkt. „Jesus schenkt mir jeden Tag Freude", sagt er den Leuten. „Ich

gebe nur ein wenig davon weiter."

Erste Diskussionen. Glauben – pro und contra. Da schleicht sich schon wieder jemand an den Kasten und verdrückt sich mit ein paar Groschen. Aber Heimlichkeit ist ja nicht nötig: Markus gibt gern. Wenn der Kasten leer ist, füllt er nach.

Plötzlich kommen sechs Punker. „Was machst du denn da?"

Echt geil." Sie setzen sich hin und gucken zu, nehmen aber nichts. Ein fein gekleideter Herr mit zwei schweren Einkaufstaschen steht ganze drei Stunden da und guckt und staunt und hört den Leuten zu. Kleine Mädchen sind besonders keß. Ein paar futtern sich richtig satt. Griff in den Kasten, Bonbons kaufen, nachfassen, 'ne Pizza...

Plötzlich kommt eine junge Frau und legt eine Rolle Groschen in den Karton: Fünf Mark. Das steckt an. Das Geld wird mehr statt weniger (Markus begann mit 50 Mark, brachte aber 130 unter die Leute). Ein ärmlich gekleideter Mann will ihm seine ganze Lebensgeschichte erzählen und bittet „nur um 70 Pfennig für einen Kaffee", weil er von Sozialhilfe lebt. Markus weist ihn auf den

lieben Gott hin, der auch ihm Freude schenken kann und legt noch 70 Pfennig dazu.

Zwei junge Männer drängeln sich nach vorn. Keine Rocker oder so, ganz normale Typen. Der eine hält die Hand auf, der andere kippt den Karton rein. „Danke", und weg sind sie. War auch besser so – in der Menge wurden Buh-Rufe laut.

Markus stört es nicht, er füllt nach. Jetzt wird schon mehr über Gott geredet als über das Geld. Und die Leute wollen es wissen. Gerade hat mal wieder einer tief in den Karton gegriffen und sich höhnlachend verzogen. Na", ruft einer aus der Menge, „jetzt ist der Karton leer, und wo ist nun der liebe Gott?"

Markus zögert einen Moment. Jetzt das Richtige zu sagen – kein leichter Job. Und was passiert? Eine Frau zückt stumm zehn Mark und legt sie in den leeren Karton.

„Das war der liebe Gott", sagt Markus.

Die Leute haben noch diskutiert und über Christentum geredet, als Markus und seine Freunde die Aktion aus einiger Entfernung beobachtet hatten – „betend" sagen sie) schon längst eingepackt hatten. Das wollen wir erretchen", sagt Markus. Als nächstes will er den Leuten umsonst die Schuhe putzen und ein Schild daneben stellen: „Jesus hat Füße gewaschen. Wir putzen Schuhe".

Danke fürs Eis

Die Kinder freuen sich am meisten über den großzügigen Markus – und kauften sich Eis für das geschenkte Geld

Foto: MÜHLKE

Quelle: Bild am Sonntag, irgendwann im Juli 1987. Abdruck nur mit Genehmigung des Autors.

● Wenn ich eine Aktion durchführe, nehme ich mir meistens zwischen drei und vier Stunden Zeit. Und wenn man so lange auf der Erde sitzt, schläft natürlich auch mal das Bein ein. Darum wechsle ich häufiger die Sitzposition: Mal schlage ich die Beine übereinander, ein anderes Mal sitze ich im Schneidersitz oder suche mir eine entsprechend andere Haltung. Eine Frau kommt vorbei und wirft mir im Vorübergehen eine Mark in meine Schachtel. Ich versuche, sie noch darauf hinzuweisen, daß ich ja nichts sammele, sondern verschenke, aber als sie merkt, daß ich sie anspreche, bleibt sie nicht stehen, sondern läuft noch schneller weg. Sie wollte mir wohl nur anonym und unauffällig etwas geben und muß auf einmal feststellen, daß sie jetzt selbst Thema der Straße ist. Das ist ihr peinlich, und sie nimmt Reißaus. Nach etwa einer Stunde kommt die gleiche Frau wieder an mir vorbei und schimpft mich fürchterlich aus, was mir eigentlich einfiele: „Vorhin haben Sie noch so getan, als hätten Sie ein amputiertes Bein, jetzt sehe ich aber, daß Sie zwei ganz normale, gesunde Beine haben. Geben Sie mir sofort die Mark wieder zurück!"
Ich wollte ihr erklären, daß sie mich nun in zweifacher Hinsicht mißverstanden habe, denn erstens hätte ich kein amputiertes Bein, zum anderen sammelte ich auch gar kein Geld. Sie war aber nicht bereit, mit mir zu reden, sondern lief verärgert mit ihrer Mark weg. Schade . . .

● In Nürnberg saß ich vor der Lorenzkirche, einer der größten Kirchen der Stadt. Nach einiger Zeit kam ein Punk zu mir, der sich über meine Aktion informieren wollte. Er hatte eine weiße Ratte auf seiner Schulter, die er ständig über seine Arme und seine Schulter laufen ließ. Ich glaube zwar, daß Gott auch die Ratten geschaffen hat, und ich hoffe, daß er es mir nicht übel nimmt, daß ich eines seiner Geschöpfe für häßlich halte, aber ich habe mich wirklich vor dem Tier geekelt. Ständig bildete ich mir ein, daß die Ratte gleich von seinem Arm rutschen und mir in den Nacken fallen würde;

jedenfalls war es kein schönes Gefühl. Der Punk selbst war von meiner Aktion sehr angetan und fand sie wirklich toll, aber als ich ihm sagte, daß er sich etwas Geld nehmen könne, wehrte er vehement ab. Ich sagte, er könne sich doch dafür ein Eis kaufen. Er meinte daraufhin, daß er eher seiner Ratte ein Brötchen kaufen würde. Ich sagte, das solle er doch tun, aber er brachte es nicht fertig, aus meiner Schachtel nur eine einzige Münze herauszunehmen.

Wir sprachen bald über den Glauben und daß es vielen Menschen so schwer fällt, sich von Gott beschenken zu lassen, weil sie denken, sie hätten es nicht nötig, sich helfen zu lassen, oder weil ihr Stolz sie daran hindert. Nach einer knappen Stunde Gespräch bat ich den Punk, einfach weiterzugehen, weil sich in der ganzen Zeit keiner mehr zu mir traute und wir gesprächsmäßig auch nicht mehr weiterkamen.

● Als die DDR noch existierte, saß ich einmal in Dortmund auf der Straße. Zwei ältere Damen, die das erste Mal im Westen waren, kamen an mir vorbei und hielten an. Es war ihr erster Besuch in einer westdeutschen Fußgängerzone. Eine der Frauen fragte mich: „Meinen Sie das wirklich ernst, was da auf ihrem Schild steht?"

„Ja, das meine ich ernst."

Daraufhin die eine Frau zur anderen: „Was es hier im Westen alles gibt?!"

Sie waren überglücklich und nahmen sich bewußt das größte Geldstück heraus, jeweils ein Zweimarkstück. Eine der Frauen sagte mir: „Sie wissen gar nicht, wie schön das für uns ist. Wenn Sie nicht auf der Erde sitzen würden, würden wir Sie jetzt in den Arm nehmen. Jetzt können wir uns doch noch die Bananen kaufen, die es ein paar Geschäfte weiter im Sonderangebot gab."

● Einmal war ich in Baden-Württemberg und sollte vor einer größeren Gruppe von Konfirmanden über meine Aktionen berichten. Mir fiel auf, daß sich von den etwa 100 Kindern zehn – die mit der größten Klappe – in die letzte Bank verdrückt hatten. Von hinten ärgerten sie die anderen, lachten oft störend und brachten starke Unruhe in den Raum. Ich begann dann meine Veranstaltung damit, daß ich jedes Kind bat, seinen Stuhl umzudrehen und sich wieder hinzusetzen. Das brachte natürlich viel Unruhe mit sich, aber auch Interesse, was ich damit wohl bezwecken wollte. Alle Kinder saßen jetzt plötzlich andersherum und drehten mir in ihren Stuhlreihen den Rücken zu. Ich ging dann an das andere Ende des Raumes, in die neue erste Reihe, die vorher die letzte gewesen war. Plötzlich saßen nun die Kids mit der großen Klappe direkt vor mir. Sie wußten nicht, ob sie wegen meines Tricks lachen oder heulen sollten.

Auf jeden Fall begann ich davon zu erzählen, daß ich manchmal Geld verschenke. Gleich machte mich einer der Jungs in den ersten Reihen an: „Ja, komm, dann gib gleich mal 'n Zehnmarkschein rüber!"

Ich zückte mein Portemonnaie und gab ihm einen Zehnmarkschein mit der Bemerkung: „Der ist für dich! So ähnlich mache ich das übrigens in der Fußgängerzone auch, aber nur mit Münzen, nicht mit Scheinen."

Nach kurzer Zeit wollte der Junge mir den Schein wieder zurückgeben. Ich sagte ihm aber, daß ich es ernst gemeint hätte und ihm das Geld unbedingt schenken wolle. Er wehrte heftig ab und versuchte, mir das Geld zurückzugeben. Ich nahm es aber nicht an. Er wurde immer aufgedrehter und rebellischer, weil ich das Geld nicht zurücknehme wollte.

„Ich habe es dir doch geschenkt", sagte ich ihm immer wieder.

„Ich will aber kein Geld geschenkt haben."

„Warum nicht?"

„Darum!"

„Komm, behalt die zehn Mark."

„Nein, die behalte ich nicht!"

„Aber vorhin hast du sie doch gewollt?"

„Das habe ich doch gar nicht ernst gemeint"
„Aber ich habe es ernst gemeint, als ich dir das Geld gegeben habe."
So großmäulig, wie er am Anfang den Zehnmarkschein eingefordert hatte, so peinlich war es ihm jetzt, den Schein nicht loszuwerden. Das war für mich ein guter Aufhänger, darüber zu sprechen, wie schwer wir es oft haben, Geschenke anzunehmen, und daß das für viele Leute auch ein Grund ist, nicht an Jesus zu glauben, „weil man da so wenig selbst machen kann . . .".

● In Wangen saß ich auf der Erde und verschenkte Geld, als plötzlich ein älterer Mann vorbeikam, der mich anscheinend kannte. Er fragte mich, ob ich Arno Backhaus sei. Als ich das bejahte, stellte er sich neben mich und wartete auf Leute, die stehenblieben. Als jemand halb staunend, halb belustigend mein Schild las, dabei aber gebührenden Abstand hielt, fing der ältere Herr neben mir plötzlich lautstark an, für mich Werbung zu machen: „Nehmen sie sich ruhig Geld raus, der meint das völlig ernst. Das ist kein Witz. Das ist der bekannte Arno Backhaus. Der will auf Gott hinweisen mit dieser Sache. Dieser junge Mann hier (damit meinte er mich) wurde reich beschenkt von Gott . . ." Je lauter und aufdringlicher er wurde, desto kleinlauter wurde ich. Ich wollte die Leute ja gerade durch ihre Neugier ansprechen.
Aber der Mann steigerte sich noch, holte plötzlich seine Gideon-Taschenbibel heraus und hielt lautstark, genau neben mir, eine Predigt über die Bibel und die Bedeutung der Entscheidung, an Jesus zu glauben: „. . . und daß der junge Mann, der hier sitzt, das gleiche Anliegen hat . . .".
Mir wurde es immer peinlicher, weil überhaupt kein Gespräch mehr möglich war. Alle achteten auf ihn, hörten ihm lächelnd zu und machten sich über ihn lustig. Keiner nahm ihn ernst. Ich hatte schließlich keine andere Wahl mehr, als aufzustehen und mir ein paar Straßen weiter einen neuen Platz zu suchen.

• In Bamberg hatte ich mit zwei Emanzen ein langes intensives Gespräch über den Glauben (Sie hatten Buttons mit Frauenpower an der Jacke/Uniformfarbe lila und so weiter). Sie waren sehr interessiert, so daß mich zum Schluß unseres Gesprächs die eine fragte: „Was rätst du uns, wie sollen wir jetzt weitermachen?"

Ich sagte ihnen, sie sollten mal zu Hause ihre Bibel hervorkramen und alles im Neuen Testament nachlesen, besonders die Stellen, an denen Jesus in wörtlicher Rede zitiert wird. Daraufhin meinte die eine, daß sie beide gar keine Bibel zu Hause hätten. Ich sagte, dann sei es vielleicht erst mal ratsam, sich eine anzuschaffen. Sie gingen sofort nach dem Gespräch in eine Buchhandlung, die sich schräg gegenüber befand, und kauften zwei Bibeln . . .

• Eine witzig-komische Situation entstand in Halle bei einigen praktischen Übungen der Teilnehmer eines meiner Seminare: Eine Frau erklärte sich bereit, auf der Straße Geld zu verschenken. Es war das erste Mal, daß sie an solchen Aktionen teilnahm und selbst eine Idee ausprobierte.

Was ich nicht wußte: Sie war Finanzbeamtin aus dem Finanzamt Bonn und damit beauftragt, zu einem späteren Zeitpunkt (ca. drei Wochen nach dem Seminar), das Finanzamt Halle umzustrukturieren. Als ich das hörte, stellte ich mir die passende Bildzeitungsüberschrift dazu vor: „Finanzbeamtin aus Bonn verschenkt in Halle auf der Straße Geld!"

Was sie nicht wußte: Während sie in Halle auf der Straße saß und angeregt mit Passanten über die Aktion redete, kam einer ihrer Kollegen aus Bonn vorbei und war sehr überrascht, seine Kollegin auf der Straße beim Geldverschenken sitzen zu sehen. Er hatte gerade im Finanzamt Halle zu tun und wollte Vorgespräche über die geplanten Veränderungen führen. Beide waren mehr als erstaunt, sich plötzlich in dieser ungewohnten Situation zu begegnen . . .

• Auch ein Filialleiter der Dresdner Bank in Chemnitz kam aus dem Staunen nicht heraus, als er mich vor dem dortigen Bankgebäude sitzen sah. Er fragte mich, was ich dort machte. Als ich ihm sagte, daß ich das Geld, das er in der Bank teuer verkauft, vor der Bank verschenke, wußte er nicht mehr ganz sicher, ob er schon wach war oder noch träumte, schüttelte den Kopf und ging wieder in seine Bank.

• Auf der Kunstausstellung „documenta" in Kassel kam ein etwa 12jähriger Junge auf mich zu, fragte, ob ich das mit dem Verschenken ernst meine. Er nahm sich ein Geldstück, nachdem ich seine Frage bejaht hatte. Was ich nicht wußte, war, daß der Junge sofort zu seiner Klasse lief, die gerade im Rahmen einer Klassenfahrt eine Besichtigung der „documenta" durchführte, und ihnen von meiner Aktion erzählte. Da standen also plötzlich 30 Kids, und jedes nahm sich freudestrahlend ein Geldstück aus meiner Schachtel, ohne daß ich etwas dagegen unternehmen konnte. Sie waren auch nicht besonders motiviert, mit mir über den Sinn der Aktion zu reden. Ich mußte also hilflos zusehen, wie etwa 20 bis 50 Mark in kürzester Zeit ihren Besitzer wechselten. Für die Zukunft habe ich daraus gelernt: Wenn ich merke, daß mich eine ganze Klasse oder eine Firmenbelegschaft auf einem Betriebsausflug beehrt, drehe ich mein Schild um, und für den Notfall könnte da ja draufstehen: „Sozialhilfeempfänger bittet um eine kleine Spende . . ."

• Als ich in Wuppertal saß, merkte ich nicht, daß ein Teil meines Gesichtes, von den umstehenden Häusern bedingt, im Schatten lag, die andere Hälfte dagegen ständig von der Sonne beschienen wurde. Erst als ich abends in den Spiegel schaute, war ich verwundert, daß ich auf einmal ein halb braunes, halb blasses Gesicht hatte . . .

• Einmal saß ich in einer Stadt auf der Erde, während sich etwa 100 Meter von mir entfernt ein Wochenmarkt befand.

Einer der Obstverkäufer machte ständig mit lauten Verkaufssprüchen die Kunden auf sich und seine Waren aufmerksam. Als er Pause hatte, kam er an mir vorbei und nahm im Vorbeigehen, ohne stehenzubleiben, meine ganze Schachtel mit. Ich konnte gar nicht so schnell reagieren, wie die Schachtel verschwand. Ich rief ihm zwar noch (äußerlich) ruhig hinterher, daß man sich eigentlich nur ein Geldstück nehmen sollte, aber er tat, als hörte er mich nicht.

Später kam er wieder. Er hatte das Wegnehmen der ganzen Schachtel mehr als Spaß gemeint und wollte testen, wie ich darauf reagierte. Wir kamen über die Aktion ins Gespräch, er zeigte große Bewunderung und war so total begeistert von der Idee, daß er mir zum Abschluß unseres Gesprächs fünf Mark in die Schachtel warf, die ich in diesem Fall gerne annahm.

• Bei meiner ersten Aktion, die ich in Bamberg durchführte (siehe Vorspann), kam nach einer Stunde Geldverschenken ein Polizist und fragte mich nach meinem Ausweis. Ich sagte, daß ich meinen Ausweis ein paar Straßen weiter in meinem Auto hätte. Er war ganz erstaunt, daß ich eine Auto besaß, weil er dachte, ich sei ein Bettler (obwohl ich hoffentlich nicht so aussah!?).

Er sagte: „Sie wissen doch, daß Betteln in der Fußgängerzone verboten ist."

Ich sagte ihm daraufhin, daß er sich doch mal mein Schild durchlesen möchte, ich würde gar nicht betteln.

Daraufhin meinte er: „Ach, das können Sie mir doch nicht erzählen, das ist nur eine neue Methode, den Leuten das Geld aus der Tasche zu ziehen."

Daraufhin erklärte ich ihm ausführlich den Sinn der Aktion, während ich nach und nach von einer großen Anzahl von Menschen umgeben war (übrigens: Wenn Polizei kommt, sollte man inhaltlich immer zum Kern kommen, denn mehr Menschen kann man nie erreichen, als wenn die grünen Freunde anwesend sind).

Nach meiner ausführlichen Erklärung meinte der Polizist: „Gut, ich nehme Ihnen die Aktion ab. Ich bitte Sie trotzdem, die Sache zu beenden, und wenn Sie in Zukunft wieder Geld verschenken wollen, dann seien Sie doch so nett und melden das vorher beim Ordungsamt an . . ."
Ein Hoch auf die deutsche Bürokratie!

• In Gelsenkirchen kamen zwei etwa zehnjährige Türkenjungen zu mir, schauten mich ängstlich an, und nachdem ich ihnen zu verstehen gegeben hatte, daß jeder sich ein Geldstück nehmen könne, griffen sie zögernd in die Schachtel und verschwanden. Nach einer Weile kamen weitere Türkenkinder, auch Jugendliche, und es schien, als ob es sich in der Gegend unter den Jungen wie ein Lauffeuer herumgesprochen hatte, daß man sich bei mir Geld holen könne. Einige trauten sich nicht, mich anzusprechen und beobachteten mich zweifelnd, aber es kamen auch welche, die immer aufdringlicher wurden und mich überreden wollten, ihnen mehr als ein Geldstück zu überlassen. Einige gingen nach Hause, zogen sich um und wollten mir weismachen, daß sie noch nicht bei mir waren und noch nichts bekommen hätten. Ich mußte mein Geld plötzlich verteidigen, teilweise sogar die Schachtel festhalten.
Mit 10–20 Kindern, Jugendlichen und jungen Erwachsenen spielte ich über 30 Minuten lang Katz und Maus, diskutierte und verteidigte dabei mein Geld. Alle Versuche, meine Kontrahenten zu Gesprächen über die Aktion und den Sinn des Geldverschenkens zu motivieren, schlugen total fehl. Sie wollten nur Geld haben und nicht über die Aktion reden, schon gar nicht über den Glauben. Die Situation wurde dann so brenzlig, daß ich die Aktion beenden mußte.

• Als die DDR sich aufzulösen begann und sich die Grenzen öffneten, interessierte mich, wie wohl die Ostbürger auf jemanden reagieren würden, der Geld verschenkt. Die West-Mark wurde ja von vielen regelrecht vergöttert. Da lag also genügend inhaltlicher „Sprengstoff" in der Luft. Ich setzte mich nur wenige Tage nach der Grenzöffnung in die Ost-(Fußgänger)-Zone von Eisenach. Sofort war ich umringt von einer großen Anzahl Passanten. Alle schauten mich an, als sei ich das Siebte Weltwunder oder der Bote eines fremden Sterns. Die Menschen standen alle vor mir, viele mit offenem Mund, aber keiner sprach mich an. Nach einer Weile traute sich eine ältere Frau vor und sagte:

„Aber das ist doch total unnormal, was Sie da machen."

„Ach! Denken Sie, wenn man für alle Dinge Geld verlangt, das wäre normaler?"

„Nein, das nicht, aber man kann doch nicht einfach Geld verschenken."

„Hier sehen Sie doch, daß ich das kann."

„Ja, das ist aber doch nicht natürlich, nicht normal."

„Wissen Sie, was heute normal ist? Wenn jemand meine Hilfe braucht, halte ich zuerst die Hand oder das Portemonnaie auf. Das ist normal. Wenn ein alter Mensch gepflegt werden muß, frage ich, was ich bekomme, wenn ich ihn pflege. Das ist normal. Ich helfe nicht, weil meine Hilfe notwendig ist, also wirklich Not wendet, sondern weil ich Geld dafür bekomme. Das ist normal, das ist die Norm. Aber ist das, was normal ist, gleichzeitig auch moralisch und menschlich gut? Da hätte ich doch einige Anfragen. In den 50er Jahren, bevor wir ein Umweltbewußtsein entwickelt hatten, war es normal, daß jeder seinen Müll in Steinbrüche und an Waldränder schüttete. Aber wird etwas dadurch gut, daß es normal ist?"

● In Kassel führte ich einmal eine andere Aktion durch, die leider nicht so gut ankam. Ich hatte eine Sonnenbrille auf, eine Blindenbinde um und hielt ein Schild mit dem Text „Ich bin blind" vor mich. Meine Motivation war, mit den Leuten über die vielen Situationen zu reden, in denen wir nichts wahrnehmen, zwar rein äußerlich sehen können, aber doch das Eigentliche im Leben übersehen. „Man muß

63

nicht blind sein, um nichts zu sehen", war für mich der Leit-gedanke.

Als ich so da herumtastete, kamen ziemlich viele Leute zu mir, die mir Geld geben wollten oder bereit waren, mit mir über mein augenscheinliches Problem – die Blindheit – zu sprechen. Als ich ihnen dann sagte, daß ich gar kein Geld wolle und auch nicht körperlich blind sei, sondern eigent-lich mit ihnen über das Über-sehen und Sehend-blind-sein sprechen wollte, waren viele verwirrt und hatten keine Mo-tivation mehr, mit mir zu reden.

Also brach ich die Aktion schließlich ab und setzte mich an einer anderen Stelle in der Fußgängerzone hin, um mit der Geld-verschenk-Aktion weiterzumachen. Nach einer Weile kam ein junges Ehepaar erbost auf mich zu und beschimpfte mich: „Sie sind doch der gleiche, der da vorhin als Blinder ge-standen hat! Das ist doch eine Sauerei: Das Geld, das Sie dort eingenommen haben, verschenken Sie jetzt hier großzügig!"
Ich mußte erst einmal tief Luft holen, zweimal schlucken und ihnen dann die ganze Situation erläutern. Zum Glück waren sie bereit, meine Erklärung anzuhören, und gingen nicht nach ihren Vorwürfen einfach weg. Am Ende konnten sie selbst über ihr Mißverständnis lachen, und es ent-wickelte sich danach ein sehr gutes, intensives Gespräch über den christlichen Glauben. Sie waren katholisch und ziemlich von ihrer Kirche frustriert . . .
Eine Lehre, die ich aus dieser Begebenheit gezogen habe, ist die, daß ich nicht beliebig von einer Straßenaktion in die an-dere wechseln kann, wenn die erste mal nicht so gut ange-kommen ist oder kaum angenommen wurde. Besser wäre gewesen, wenn ich die Blind-sein-Aktion einfach beendet und mir für diesen Tag alle weiteren Ideen gespart hätte.

● Immer wieder kommt es vor, daß Leute, die das Schild nicht genau gelesen haben, doch Geld in die Schachtel werfen.
Als ich in Karlsruhe, einer gediegenen Beamtenstadt, meine Aktion begann, hatte ich etwa 80 Mark mitgenommen – teils

lag das Geld in der Schachtel, teils hatte ich Ersatzgeld in der Tasche. Ich kam mit über 120 Mark wieder zurück, weil ich mich der vielen „Einwürfe" gar nicht mehr erwehren konnte.

● In Fritzlar bei Kassel, einer Kleinstadt mit etwa 30.000 Einwohnern, saß ich auf der Straße und bekam weder Geld, noch wurde ich es los. Diese Erfahrung machte ich noch öfter in kleineren oder mittleren Orten. In Kleinstädten ist die Fußgängerzonen-Atmosphäre einfach nicht anonym genug für solche Aktionen. Man fühlt sich beobachtet, man kennt viele oder fragt sich, was die anderen denken könnten. Damit blockieren sich die Fußgänger selbst.

2. Die Andacht auf der Straße

Die Aktion

Ich schreibe zu Hause auf ein DIN A 4 Blatt Gedanken, die mir wichtig sind und die ich den Passanten in der Fußgängerzone gerne mitteilen möchte.

Zum Beispiel kann man die Tatsache beschreiben, daß vieles, was man uns vorsetzt, so aussieht, als sei es echt. In Wirklichkeit stellt man dann allerdings fest, daß es nur künstlich ist. Die meisten Produkte, Gefühle und Gedanken sind einfach nur nachgemacht, Plastik. Wenn man sich bewußt umsieht, wirkt manches Lächeln sehr gekünstelt. Oft ist auch die Liebe keine echte Liebe mehr, sondern zeigt sich letztlich als versteckter Egoismus, und der Schein hat das Sein schon längst verdrängt. Beispiele für Probleme unserer Zeit gibt es wirklich genug.

Zum Schluß führe ich dann aus, daß Jesus für mich das Leben und die Wahrheit ist, daß er kein Freund von unehrlichem, plastikhaftem, nachgemachtem Leben oder hohlen Empfindungen und Äußerungen ist. Er will uns zum wahren Leben befreien, in dem die Dinge wieder etwas wert sind.

Neben diesem ‚Statement‘, meiner Vorlage, besorge ich mir genügend weiße Schulkreide (lieber mehr als zu wenig) und Knieschützer (von meinem skateboardfahrenden Sohn).

Ich wähle eine Zeit, in der die Geschäfte der Innenstadt geschlossen sind und in der sich die Leute zum Bummeln in der

Fußgängerzone aufhalten. Bei einigermaßen schönem Wetter – es sollte nicht zu heiß sein – ist der Samstag- oder auch der Sonntagnachmittag sehr gut geeignet.

Ich schreibe dann mein Statement mit Kreide auf den Straßenbelag. Ich fange etwa dort an zu schreiben, wo die Fußgängerzone beginnt und male den Text den ganzen Weg entlang. Dabei achte ich darauf, daß ich nicht zu klein, aber auch nicht zu groß schreibe. Je glatter der Straßenbelag der Fußgängerzone ist, desto leichter ist das Beschriften und desto weniger Kreide benötige ich. Je rauher der Belag wird, desto schwieriger ist das Beschriften; manchmal geht es überhaupt nicht (vorher testen).

Oft empfiehlt es sich, die Sätze etwas schlangenförmig zu schreiben, so daß alles etwas aufgelockerter wirkt und die Passanten noch schneller angelockt werden.

Statt auf die Erde zu schreiben, ist es auch möglich, das ganze Konzept mit einer Rolle Rauhfasertapete umzusetzen. Auf den Anfang der Rauhfasertapete lege ich einen Stein zum Beschweren, setze mich auf oder neben die Tapetenrolle und schubse dann die Rolle immer etwas weiter, je nachdem, wieviel Papier ich gerade benötige. Dabei schreibe ich den vorher formulierten Text mit farbiger Wachskreide oder einem entsprechenden Filzstift untereinander oder nebeneinander auf die Tapete.

> *Habakuk 2,2+3:*
> *„Schreib auf, was du geschaut hast, deutlich auf eine Tafel, daß es lesen könne, wer vorbeiläuft!"*

Das ausgerollte Papier sollte möglichst entlang einer Wand oder Mauer auf der Erde liegen, weil sonst Passanten über die Tapete gehen, stolpern oder den Text zerstören könnten.

Predigten kann man eigentlich über fast alles halten. Wichtig ist, daß wir Themen aufgreifen, die uns auch selbst interessieren und bewegen. Zum Üben und Warmwerden habe ich einfach mal eine Beispielpredigt aufgeschrieben:

„Wer sagt eigentlich, daß Leben und Existieren das Gleiche ist? Es gibt Menschen, die sind einfach nur da – ob man das schon Leben nennen kann, das ist die große Frage!

Uns werden durch Werbung und Massenmedien Bedürfnisse eingeredet, die uns das große Leben, die große Freiheit versprechen. Auch die Christen reden viel vom Leben, aber sie strahlen mehr Müdigkeit und Passivität als Leben aus.

Ich will mich nicht mit Todesstrukturen zufriedengeben, egal ob sie durch unsere Marktwirtschaft bedingt sind, in der immer der Stärkere oben bleibt und der Schwächere eingeht, oder durch persönlichen Egoismus, bei dem ich immer im Mittelpunkt stehen muß. Ich will wirklich leben! Und ich will anderen zum Leben verhelfen. Voraussetzung dafür ist Ehrlichkeit und die Bereitschaft, sich immer wieder in Frage stellen zu lassen.

Ich will mich nicht im Kreis drehen, weder um mich selbst, noch um irgendwelche falschen Ideale! Grundlage, Motor und Motivation gegen eine Existenz unter solchen Todesstrukturen ist für mich ein Leben in der Gemeinschaft mit Jesus. Er macht mich fähig, mich für andere einzusetzen: Für den Schutz und die Bewahrung meiner Umwelt, für mich selbst (mit Rücksicht auf andere) und für Gott, dem ich letztlich alles verdanke.

Jesus ist das Leben, kein Abklatsch, kein Plastik, keine Kopie. Er ist das Original und will uns zu Originalen machen, keine Massen- und Meterware! Mit ihm lohnt es sich wieder zu leben . . .“

Gespräche und Erfahrungen

• In Wuppertal kommt ein junges Pärchen auf mich zu, als ich den Text schon fast fertig auf die Straße geschrieben habe. Der junge Mann fragt mich:

„Was machen Sie da?

„Ich schreibe einen Text auf die Erde."

„Das geht aber nicht! Sie können doch nicht einfach die ganze Fußgängerzone vollschreiben!"

„Warum denn nicht? Sie sehen doch, daß ich das kann. Ich störe doch keinen! Erstens habe ich Schulkreide und keine Wachskreide zum Beschriften genommen, die verschwindet beim nächsten Regen oder Tau wieder, und es ist dadurch nur eine Frage der Zeit, wie lange der Text hält.

Zweitens schreibe ich den Text nicht an die Hauswand, sondern auf die Erde, wo die Leute später drübergehen. Außerdem belästige oder beleidige ich mit dem Text keinen. Also, warum soll ich aufhören, was ist der Grund, was stört Sie konkret?"

„Wenn das jeder machen würde . . ."

„Das macht ja nicht jeder! Das Argument: ‚Wenn das jeder machen würde' ist kein echtes Argument. Wuppertal hat etwa 400.000 Einwohner. Sie können nicht mit dem Argument: ‚Wenn das jeder machen würde' einem einzigen Menschen verbieten, in der Fußgängerzone einkaufen zu gehen. Dabei ginge dieser Masseneinkauf genausowenig, denn es passen halt nicht 400.000 Leute in die Fußgängerzone. Es will aber glücklicherweise auch nicht jeder gerade mal einkaufen. Der Satz: ‚Wenn das jeder machen würde' ist reine Theorie."

„Ich bitte Sie aber trotzdem, das zu lassen."

„Mit welchem Recht verbieten Sie mir das, mit welcher Autorität?"

„Ich bin Polizist in Zivil."

„Gut, aber Sie wissen doch selbst, daß das Ganze eine Ermessensfrage ist."

„Na klar, und mein Ermessen verbietet Ihnen das. Und wenn Sie nicht aufhören wollen, rufe ich einen Streifenwagen, dann können Sie alles wieder wegwischen."
Dazu hatte ich dann allerdings keine Lust mehr, setzte mich auf die Erde, an die Stelle, an der ich mein letztes Wort geschrieben hatte, und redete mit den Leuten, die bis dorthin den Text gelesen hatten.

● Ein Vater, der einen Kinderwagen vor sich herschob, war so vertieft in den Text auf der Erde, daß er mit seinem Kinderwagen fast vor einen Blumenkasten gefahren wäre . . .

3. Ich bin eine Sehenswürdigkeit

Die Aktion

Ich stelle mich in die Fußgängerzone oder in die Nähe von Sehenswürdigkeiten (zum Beispiel vor das Brandenburger Tor in Berlin, das Deutsche Eck in Koblenz oder den Herkules in Kassel und so weiter) und halte ein etwa 10 mal 30 Zentimeter großes Schild vor mich mit der Aufschrift: „Ich bin eine Sehenswürdigkeit".

Der Text sollte auch von Leuten gelesen werden können, die etwas weiter weg stehen, und man sollte aufpassen, daß man nicht gerade vor öffentlichen Toiletten oder anderen Drängelplätzen Aufstellung nimmt.

Gespräche und Erfahrungen

● „Wie meinen Sie das?"
„So, wie's da steht."
„Ja, muß man Sie denn kennen?"
„Müssen nicht, aber es gibt Leute, die mich kennen."
„Ja, kennt man Sie denn vom Fernsehen?"
„Wenn ich eine Sehenswürdigkeit bin, muß ich dann im Fernsehen auftreten?"
„Nein, nicht unbedingt."

„Wer oder was ist denn in Ihren Augen eine Sehenswürdigkeit?"

„Leute, die was Außergewöhnliches geleistet haben."

„Und wer hat was Außergewöhnliches geleistet?"

Die meisten Menschen sterben als Kopien, während sie als Original geboren sind.

„Na ja, zum Beispiel Sportler, Wissenschaftler oder Politiker."

„Ach, die haben was geleistet? Und die pflegebedürftige achtzigjährige Frau im dritten Stock meines Hauses, hat die nichts geleistet? Die hat vielleicht viel mehr geleistet als Boris Becker und Helmut Kohl zusammen. Die ist vielleicht aus Ostpreußen im Krieg bei klirrender Kälte geflüchtet. Ist das keine Leistung? Ist sie keine Sehenswürdigkeit?"

● In Halle stand ich in der Fußgängerzone, als ein Passant plötzlich vor mir einen Stadtplan ausbreitete und sagte, daß ich in seinem Plan noch gar nicht eingetragen sei. Er holte einen Stift und machte an der Stelle des Stadtplans, wo ich gerade stand, ein kleines Kreuzchen . . .

● Es gibt immer wieder Leute, die mich mustern, mir zustimmen und meinen, ich hätte recht damit, daß ich eine Sehenswürdigkeit sei, ich sähe gar nicht so schlecht aus. Leider bleiben sie trotzdem nicht stehen.
Andere schütteln den Kopf und zeigen den Daumen nach unten. Sie stellen sich wohl unter einer Sehenswürdigkeit etwas anderes vor und meinen, daß ich nicht gerade besonders attraktiv sei . . . Auch sie bleiben leider nicht stehen und geben ihre Bewertung meines Äußeren nur im Vorübergehen ab.

● Als ich in der Fußgängerzone Heidelbergs stand, einer Stadt voller Sehenswürdigkeiten und entsprechend vieler Touristen, kam ein Student auf mich zu:

„Was wollen Sie denn mit dem Schild bezwecken?"

74

„Ich möchte mit den Leuten reden und sie auffordern, sich nicht nur die Häuser, Schlösser und Burgen hier anzuschauen, sondern vielleicht wieder etwas mehr die Menschen zu beachten."

„Aber die Häuser haben doch eine Geschichte."

„Ja, aber die Menschen haben doch auch eine Geschichte, oder?"

„Es kommt aber darauf an, ob sie eine gute Geschichte haben!" (Damit meinte er mich.)

Leider drehte er sich nach diesem Satz um und ging weg, denn das war eine ganz entscheidende Aussage. Genauso verläuft in unserer Gesellschaft die Bewertung von Sehenswürdigkeiten. Wenn du als Mensch eine „gute" Geschichte, eine verwertbare Story hast, bist du des „Sehens würdig"! Dann lädt man dich ein zu Talk-Shows, macht Interviews mit dir, bringt Bücher über deine Story heraus. Aber wehe, du hast eine schlechte Geschichte. Dann landest du als Penner in U-Bahn-Schächten, als Esoteriker in irgendwelchen New Age-Zirkeln, als abgetriebenes Baby in der Mülltonne, als Rechtsradikaler auf der Straße oder als Fixer im Park.

In Gottes Augen ist jeder des „Sehens würdig": jeder Asylant, jeder erfolgreiche Manager, jeder resignierte Selbstmordkandidat, jeder Behinderte, jeder pflegebedürftige alte Mensch, jeder Politiker, jeder Rollstuhlfahrer, jedes Model, jeder Rechtsradikale. Nicht das, was ein Mensch tut und leistet, ist sehenswürdig, aber er selbst ist es. Vielleicht wäre so mancher Neofaschist nie rechtsradikal geworden, wäre er mehr beachtet und als Person anerkannt worden. Hätte man ihn gesehen, des Sehens würdig erachtet, würde er heute nicht verzweifelt nach Aufmerksamkeit suchen.

● Auf der IAA (Internationale-Automobil-Ausstellung):

„Was soll das denn?"

„Na, das steht doch auf dem Schild."

„Warum machen Sie das?"

„Wissen Sie, hier auf der IAA schauen sich 100.000 Menschen Blechkisten an, die von Menschen konstruiert sind. Die Besucher investieren jede Menge Geld, Interesse, Zeit, Kraft und Liebe in die Welt des Autos. Aber sind wir auch bereit, die gleiche Energie in Menschen zu investieren? Schauen wir uns andere Menschen genauso interessiert an wie die neuesten Modelle von BMW?

Nur Nullen haben keine Kanten.

Ich werde die Autos, die jetzt noch neu sind, später tausendfach wiedersehen, aber von keinem Menschen gibt es ein Duplikat. Sie und ich sind absolut einmalig. Und Sie werde ich vielleicht nie mehr wiedersehen. Der eigentliche Wert des Menschen ist um ein vielfaches höher als der eines Autos, aber ich habe bisher noch von keiner Menschenausstellung gehört.

Es gibt sogar Leute, deren Interesse an Autos so weit geht, daß sie sich auf Autobahnbrücken stellen und vorbeirasenden Kisten nachschauen. Die kennen alle Modelle, Motortypen, PS-Zahlen und so weiter, aber im zwischenmenschlichen Bereich sind sie oft Nieten und zeigen überhaupt keine Motivation dazuzulernen. Woran liegt das?"

„Ein Auto widerspricht eben nicht."

„Das stimmt nicht! Wenn der Tank leer ist, widerspricht ein Auto sehr deutlich, und das ist ja beim Menschen nicht viel anders. Wenn der psychische Tank leer ist, geht gar nichts mehr: in der Ehe nicht, mit den Kindern nicht, im Berufsleben nicht, nirgends . . ."

● In Chemnitz stand ich mit dem Schild „Ich bin eine Sehenswürdigkeit" an einer Säule. Ein junger Mann kam auf mich zu und fragte, was das solle. Ich kam mit ihm ins Gespräch über den Wert des Menschen, über Gott und den christlichen Glauben. Wir setzten uns dort, genau in der Mitte der Fußgängerzone, auf die Erde, weil das Gespräch doch etwas länger dauerte. Nach einer Weile kamen ein paar Jugendliche, die ihn kannten, und setzten sich zu uns.

Wir saßen also da mit sechs Leuten im Kreis auf der Straße und redeten über Gott, als plötzlich eine Horde Rechtsradikaler mit Baseball-Schlägern durch die Straße zog. Sie pöbelten einen Eisverkäufer und einige Passanten an, verjagten einen vietnamesischen Zigarettenverkäufer und kamen uns immer näher.

Die Jugendlichen, die mit mir auf der Straße saßen und von denen einige zur autonomen Szene gehörten, forderten uns auf, ganz ruhig sitzen zu bleiben und nicht wegzulaufen. Die Rechtsradikalen zogen an uns vorbei, schrien nur ein paar dumme Sprüche zu uns herüber und waren dann wieder verschwunden. Ich kam mir trotzdem ziemlich hilflos vor und hatte während der ganzen Zeit eine ziemliche Angst . . .

● In Feuchtwangen stand ich mit meinem Schild im Ortszentrum, als eine Klasse von etwa 14jährigen Teenagern an mir vorbeikam. Sie stellten sich gleich vor mich, gackerten rum, lachten, hielten mich für etwas übergeschnappt, und einer fragte dann auch, warum ich das täte. Ich erzählte, daß jeder des Sehens würdig sei, daß jeder dieses Schild halten könne, auch sie. Sie wehrten massiv ab, das würden sie nie tun, empfanden sich auch nicht als sehenswürdig. Als ich zu einem Mädchen sagte, sie könne doch das Schild auch mal halten, gingen alle Kids gleich einen Schritt zurück und kicherten.

Ich bekam sie mit einem kleinen Trick aber doch noch dazu, das Schild vor sich zu halten. Ich lenkte sie etwas ab, verwickelte sie in ein Gespräch und sagte plötzlich, ich wolle mir nur schnell die Schnürsenkel meiner Schuhe festbinden, sie möge das Schild doch mal kurz halten. Das tat sie. Ich band meine Schuhe fest, und als ich wieder hochkam, sagte ich freudestrahlend: „Sieh da, du bist ja doch eine Sehenswürdigkeit!"

„Hä? – aaaahh . . ." Als sie merkte, daß sie das Schild gut sichtbar vor sich hielt, bekam sie einen Schreikrampf und ließ es sofort auf die Erde fallen.

4. Ich bin Gott

Die Aktion

Ich stehe auf der Straße und halte vor mich ein großes Schild mit der Aufschrift: „Ich bin Gott" (der Spruch ist nicht in Anführungszeichen gesetzt).

Wenn einer auf der Straße mit diesem Schild stünde und die Aussage wirklich ernst meinte (ich meine sie ja nur im negativen Sinne ernst; Erläuterungen dazu gebe ich weiter unten), würde er sicher versuchen, auf die Leute zuzugehen, sie zu irgend etwas zu überreden oder sie von sich zu überzeugen. Vielleicht würde derjenige den Passanten auch Informationsbroschüren von sich weitergeben oder sie zu Veranstaltungen einladen. Diese meist psychisch Kranken haben aber nicht nur ein verrücktes Schild, sie wirken auch in ihrem ganzen Erscheinungsbild und ihrem Auftreten meist schon auffallend krankhaft und merkwürdig.

Der verunsichernde Moment bei mir ist, daß ich gerade so nicht auf mein Gegenüber wirke. Im Gegensatz zu Sektenführern und psychisch Kranken rede ich wenig und nur dann, wenn ich gefragt werde. Ich gebe auch keine Traktate weiter. Das verunsichert diejenigen, die andere Menschen in der Regel gut einschätzen können, denn auf sie wirke ich verhältnismäßig gesund und nicht komisch. Von mir haben die meisten Leute, die sich etwas näher mit mir befassen, den Eindruck, daß man mich eigentlich ernst nehmen müßte.

Da paßt dann mein Erscheinungsbild und die Art, wie ich auf andere wirke, überhaupt nicht mit meiner Aussage: „Ich bin Gott" zusammen. Es verwirrt die Passanten, macht sie aber auch neugierig; manche motiviert es, länger bei mir stehenzubleiben, um endlich herauszubekommen, was ich mit dieser Aktion bezwecken möchte.

Die Zeitschrift *idea* hat einmal eine Meldung veröffentlicht, die auch deutlich macht, worauf es mir bei dieser Aktion ankommt:

„,Den Siegeszug einer freien Spiritualität' sagt der führende deutsche Trendforscher Gerd Gerken (Worpswede bei Bremen) voraus. Da der Kirchenaustritt inzwischen fast zu einem Statussymbol für ,freie und aufgeklärte Menschen' geworden sei, gebe es jetzt eine echte Alternative: die freie Spiritualität. Ihre Aussage sei: ,Jeder ist sein eigener Gott!' In den klassischen Religionen stehe Gott über den Menschen; nun laute die Gegenthese: ,Gott ist in mir' oder ,Ich bin Gott'."

Bei der Aktion „Ich bin Gott" ist es sinnvoll, sich vorher ein paar originelle Fragen auszudenken, mit denen man seinen Gesprächspartner weiter herausfordert und besser zum Kern der Sache kommt:

▷ „Woher wissen Sie, daß ich nicht Gott bin?"
▷ „Wie sieht denn Gott aus?"
▷ „Woher wissen Sie, wer Gott ist?"
▷ „Wie stellen Sie sich denn Gott vor, wenn ich bei Ihnen nicht als Gott durchgehe?"
▷ „Glauben Sie denn überhaupt an Gott? Und wenn, an welchen?"
▷ „Warum glauben Sie an Gott/glauben Sie nicht an Gott?"

Wichtig ist auch noch: Die „Ich-bin-Gott"-Aktion solltest du *nur* an einem Ort durchführen, in dem du unbekannt bist, also nicht in der Stadt, in der du wohnst, oder in deiner alten Heimatstadt. Denn natürlich werden dich einige als Spinner und Verrückten abstempeln, und nicht jeder bleibt stehen und hört sich die letztendliche Erklärung für diese Aktion an. Wenn du in deinem Ort als Frommer bekannt bist, und jemand sieht dich mit diesem Schild, wirst du vielleicht Türen zuschlagen, die für dich nie mehr aufgehen. Wenn du Pech hast, nimmt dich keiner mehr für voll, ernsthafte Gespräche sind fast nicht mehr möglich, und die Leute reden hinter deinem Rücken schlecht über dich.

Aber: Wenn du auf Mallorca Urlaub machst, kannst du dich mit dem Schild an den Strand stellen. Und wenn du auf einem Bildungsurlaub in Berlin Langeweile bekommst, stell dich einfach auf den Ku'damm. Ganz Berlin kann denken, du seist verrückt, ohne daß es dir schadet. An so einem Ort kannst du ganz cool bleiben, weil es keinen Einfluß auf deine privaten Kontakte hat; es schadet dir nicht.

Ich habe bei der „Geld"-Aktion erwähnt, daß nach meiner Erfahrung in kleineren Orten die Verschenk-Aktion nicht so gut angenommen wird. In Orten bis zu ca. 20 000 Einwohnern ist die nötige Anonymität noch nicht gegeben. Die Bewohner haben Scheu, sich mit jemandem zu unterhalten, der auf der Straße sitzt. Man könnte ja gesehen werden. Viele trauen sich noch nicht einmal, den Satz auf deinem Pappschild zu lesen, oder sie betrachten ihn nur aus den Augenwinkeln.

Ganz andere Erfahrungen habe ich mit der „Ich-bin-Gott"-Aktion gemacht. Darüber regt sich jeder auf, auch in kleinen Orten. So eine Behauptung ist den meisten Menschen dann doch zu viel. Zumal das Schild auch sehr groß und überdeutlich zu sehen ist.

Wenn ich die „Ich-bin-Gott"-Aktion durchführe, warte ich mit meinen Erklärungsmustern (siehe unten) etwas und löse nicht sofort die Verwirrung auf, indem ich alles erkläre. Ich lasse die Leute zappeln. Wenn jemand ernsthaft mit solch einem Schild auf der Straße stünde, würde er sicher mehr aufdrehen, mehr von sich erzählen. Dadurch, daß ich aber anfangs sehr zurückhaltend bin, gibt es viele, die ahnen, daß hinter meiner Aussage mehr steckt, als vordergründig zu erkennen ist. Das motiviert sie, länger stehenzubleiben, nachzufragen und sich mit mir zu beschäftigen.

Gespräche und Erfahrungen

● Jemand ruft im Vorbeigehen:
„Ich auch!"
„Sehen Sie, dann haben wir ja schon zwei Götter."

● „Ist das ernst gemeint?"
„Was denken Sie denn, sehe ich aus wie Gott?"
„Nein, überhaupt nicht. Das meinen Sie ja auch nicht ernst."

Er glaubt an das Relative – mit absoluter Gewißheit.

„Doch, steht doch hier auf dem Schild: ,Ich bin Gott.' Ich meine das ganz ernst."
„Wie sind Sie denn zu dieser seltsamen Meinung gekommen?. . . Ach wissen Sie, ich gebe mich doch nicht mit so hirnverbrannten Typen wie Ihnen ab. Dafür ist mir meine Zeit einfach zu kostbar." ·
„Schade, Sie verpassen was . . ."

● „Meinen Sie das ernst?"
„Ja, das meine ich ernst."
„Das kann doch nicht Ihr Ernst sein, daß sie meinen, Sie seien Gott?"
„Warum denn nicht?"
„Weil ich mir so Gott nicht vorstelle."
„Wie stellen Sie sich denn Gott vor?"
„Auf jeden Fall nicht so wie Sie."
„Und wie dann?"
„Gott ist kein Mensch, und Sie sind ein Mensch, das ist doch wohl ganz eindeutig."

„Also wenn Gott Gott ist, könnte er doch auch als Mensch auftreten, sonst wäre er ja nicht Gott."

„Ja, aber er würde sich doch nicht als Mensch zeigen."

„Aber Jesus war doch auch Mensch und gleichzeitig Gott..."

„Wie meinen Sie denn das?"

„Ja, in der Bibel sagt doch Jesus: ‚Der Vater und ich sind eins' und: ‚Wer mich sieht, sieht den Vater'."

„Ja, aber das war vor 2.000 Jahren."

„Nun, dann wird's doch mal wieder Zeit..."

● „Meinen Sie das ernst?"

„Ja!"

„Sie können mir doch nicht vormachen, daß Sie wirklich glauben, Sie seien Gott?"

„Doch, doch, steht doch hier auf dem Schild: ‚Ich bin Gott.' Ich meine das ganz ernst."

„Ich habe aber ein anderes Bild von Gott."

Es gibt gewohnheitsgemäß viele Götter, aber naturgemäß gibt es nur einen.

„Welches haben Sie denn?"

„Gott ist ein Prinzip, eine Weltformel, ein philosophischer Gedanke, aber nie eine so simple Erscheinung wie Sie!"

„Woher wissen Sie denn so genau, wer Gott ist und wer er nicht ist? Sie scheinen ja wirklich hinter die Geheimnisse der Welt blicken zu können, oder haben Sie einen persönlichen Draht zu Gott?"

● „Wenn Sie Gott sein wollen, dann sind Sie ja auch allmächtig."

„Wer sagt das denn?"

„Ja, das sagt man doch so."

„Ja, man sagt vieles, aber was sagen Sie denn? Welche Kriterien haben Sie denn für Gott?"

● „Also, wenn Sie hier stehen und behaupten, Gott zu sein, dann zaubern Sie mir doch mal was vor, zum Beispiel 2.000 Mark."

„Würden Sie dann glauben, daß ich Gott bin?"

„Ja!"

„Das glaube ich kaum. Jesus hat damals noch ganz andere Sachen ‚gezaubert' als 2.000 Mark, und die Leute haben doch nicht an ihn geglaubt. Muß sich denn ein Gott beweisen, um Gott sein zu dürfen?"

„Nein, das eigentlich nicht, aber wie Sie da stehen, da könnte sich ja jeder hinstellen und behaupten, er sei Gott."

„Richtig, das tun ja auch viele. Zwar nicht in der Form, in der ich das tue, aber auf andere Weise geschieht das millionenfach."

„Wie meinen Sie denn das?"

„Das erkläre ich Ihnen nachher."

● „Sie behaupten von sich, Gott zu sein. Das glaube ich Ihnen nicht."

„Warum nicht? Woher wissen Sie, daß ich nicht Gott bin?"

„Weil Gott so nicht aussieht."

„Wie sieht er denn aus?"

„Jedenfalls nicht so wie Sie!"

„Wie denn?"

„Das weiß ich auch nicht."

„Wenn Sie das aber doch gar nicht wissen, woher wissen Sie dann, daß ich nicht Gott bin? Glauben Sie an Gott?"

„Auf jeden Fall nicht an Sie."

„An einen anderen Gott?"

„Ja."

„An welchen Gott glauben Sie denn?"

„An den Gott der Kirche."

„Was ist das für ein Gott?"

„Ach wissen Sie, es ist schon so lange her, daß ich im Konfirmationsunterricht gewesen bin . . ."

„Ja, dann wäre es doch mal wieder Zeit, sich mit Gott zu beschäftigen und Ihr Wissen aufzufrischen oder zu erneuern . . ."

● „Sie können unmöglich Gott sein!"

„Warum nicht?"

„Weil ich mir Gott ganz anders vorstelle."

„Wenn ich bei Ihnen nicht als Gott durchgehe, wie stellen Sie sich denn Gott sonst vor?"

„Ja . . . Gott ist eine Urmacht, oder Ur-Kraft."

Wir wollen einen abstrakten Gott, weil wir konkrete Götzen haben.

„Was ist eine Urmacht?"

„Eine Macht, die alles zusammenhält."

„Woher wissen Sie, daß das Gott ist?"

„Das glaube ich eben."

„Ja, und ich glaube halt, daß ich Gott bin! Jeder glaubt doch an seine eigene Theorie, und das ist das Tragische an der ganzen Sache. Der eine glaubt an den Urknall, der andere behauptet, Gott sei in der Natur zu finden, wieder andere haben philosophische Erklärungen, was Gott betrifft, wie: ‚Gott ist die Geist-Unerklärlichkeit des Universums'. Jeder bastelt sich seine eigene Gott-Erklärung, deshalb muß ich immer erst einmal fragen, was mein Gegenüber sich unter Gott vorstellt."

● „So sieht aber kein Gott aus!"

„Wie sieht er denn aus?"

„Das kann ich Ihnen nicht sagen."

„Dann können Sie eigentlich auch nicht sagen, daß Gott nicht so aussieht wie ich."

● „Sie behaupten also im Ernst, Gott zu sein?"

„Ja."

„Müßte der Ausspruch nicht in Anführungszeichen geschrieben werden?"

„Warum?"

„Ja, Sie meinen das doch sicher im übertragenen Sinn?"

„Nein, ich meine das so, wie es hier steht."

„Wie sind Sie denn zu dieser Aussage gekommen? Was hat Sie veranlaßt, das zu glauben?"

85

„Ich habe mein Leben beobachtet und bin dann zu diesem Schluß gekommen."

„Dann sind Sie aber ganz schön überheblich und eingebildet."

„Warum?"

„Es ist doch eine Anmaßung, wenn Sie von sich behaupten, Ihr Leben sei so perfekt, daß Sie Gott seien."

„Wer hat denn von ,perfekt' gesprochen?"

„Ja, Sie doch!"

„Ich? Wann denn?"

„Ja, Sie sagen doch, daß Sie Gott seien!"

„Ist denn Gott in Ihren Augen perfekt?"

„Ja."

„Wie kommen Sie denn zu dieser Aussage?"

„Ja, die Kirche lehrt doch, daß Gott allmächtig und perfekt ist."

„Glauben Sie denn an alles, was die Kirche sagt?"

„Nein."

„Warum berufen Sie sich dann plötzlich auf die Kirche? Sagen Sie mir doch nur, was Sie persönlich über Gott denken und glauben. Glauben Sie an Gott?"

„Das ist eine schwierige Frage . . ."

„Aber eine sehr wichtige!"

● Ab und zu gab es auch ein paar verbale Beschimpfungen von aufgebrachten Passanten:

▷ „Man sollte Sie vierteilen!"

▷ „Im Dritten Reich hat man solche Leute wie Sie vergast!"

▷ „Ihnen ist doch nicht mehr zu helfen, Sie gehören in die Klapsmühle!"

Bei allen Beschimpfungen ist es wichtig, ganz ruhig und gelassen (nicht überheblich gelassen) zu reagieren. Ich setze ja die Form des Mißverständnisses ganz bewußt ein, ich muß also davon ausgehen, daß sich Leute über mich aufregen.

● „Sie werden noch ihr blaues Wunder erleben. In der Bibel steht: ,Wer Gott lästert, den wird er bestrafen.' "

„Ist das, was ich mache, Gotteslästerung?
„Ja, natürlich!"
„Sie scheinen sich ja in der Bibel ganz gut auszukennen?"
„Tu ich auch!"
„Kennen Sie auch die Stelle, wo von mir die Rede ist?"
„Nein, überhaupt nicht! Die möchte ich gerne mal von Ihnen gezeigt haben."
„Ja, lesen sie mal Ezechiel 28, 1–10."
„Ja, und was steht da?"
„Daß ich Gott bin."
„Sie sind ja völlig übergeschnappt, Ihnen ist nicht mehr zu helfen!"
„Doch, doch, mir ist noch zu helfen."

● In Stuttgart kam ein junger Moslem zu mir, der etwa 300 Meter von meiner Aktion entfernt einen Stand mit missionarischen Schriften über den Islam aufgebaut hatte. Mit haßerfüllter Stimme kam er ganz nah an mein Gesicht und brüllte mich an: „Du bist kein Gott, du bist ein *Schwein*!!". Ich hatte bis dahin schon viele verschiedene Aktionen in mehreren Orten Deutschlands durchgeführt, aber hier bekam ich zum ersten Mal Angst, daß ich plötzlich ein Messer im Rücken hätte. Natürlich ist für Muslime die Vorstellung, daß ein Mensch Gott sei, eine noch größere Gotteslästerung als für einen Christen. Das ist ja auch einer der vielen Gründe, warum sie Jesus als Gott ablehnen. Es paßt nicht in ihre Vorstellung, daß Gott sich auf die Erde begibt und selber in Menschengestalt erscheint.

● In Karlsruhe kam eine Frau auf mich zu: „Meinen Sie das wirklich ernst, daß Sie Gott sind?"
„Ja!"
„Dann ist Ihnen wirklich nicht mehr zu helfen. Darf ich ein Vater-Unser für Sie beten?"
„Ja, das dürfen Sie, wenn Sie glauben, daß es mir und Ihnen hilft . . ."
Die Frau ging verwirrt weg. Vielleicht hat sie ein sehr magi-

sches Verständnis vom Gebet, speziell zum Vater-Unser und möchte es am liebsten wie eine Zauberformel anwenden . . .

• Ein Rocker aus Hamburg kam in der Stuttgarter Innenstadt auf mich zu: Er war mit Ketten behangen, hatte große schwarze Militärstiefel und ein widerliches T-Shirt an. Darauf war eine der vielen brutalen, okkulten Bands abgebildet. Seine Arme waren vollständig tätowiert. Er selbst war ein Schrank von Mann mit langen gewellten Haaren, und sein Gesicht war mit Ohr- und Nasenringen ‚geschmückt'. Dieser Typ sprach mich in breitem, lässigen Udo-Lindenberg-Dialekt an:
„Also weißt de, ich bin schon Jahre auf der Rolle, von einer Stadt inne andere und hab schon viel mitgekriegt. Jeder verkauft hier seinen Dreck, alle wollen se mir was andrehen, ob im Laden oder hier mit diesen ganzen Tapeziertischklamotten – aber so'n Spruch, wie Du da hast, der is mir bisher nich untergekommen. Komm mit aufe Wiese und erklär mir die Kiste, was das soll!"
Ich bin dann schön brav mit ihm gegangen und habe mich zu seinen Kumpels mit auf die Wiese gesetzt. Zuerst hat er mich seinen anderen „Kollegen" vorgestellt, und dann sollte ich die Aktion erklären. Fast zeremoniell ging ständig eine Schnapsflasche rum, jeder nippte oder nahm einen kräftigen Schluck, je nachdem wieviel Kraft der einzelne noch hatte. Einige ließen Joints rumgehen – und ich saß dazwischen und hielt „große Vorträge" über Gott . . .

• In Karlsruhe stand ich auf einem großen freien Platz. Innerhalb kürzester Zeit war der Platz voller Menschen, ich schätze, daß bis zu 200 Personen in Gruppen zusammenstanden und über die Aktion und die Aussage sprachen und diskutierten. Einige stiegen eigens aus der Straßenbahn aus, um den Grund des ungewöhnlichen Menschenauflaufs zu erfahren. Während ich der vor mir stehenden Menschentraube die Aktion erklärte, kamen von hinten neue Passanten dazu: „Es ist doch nicht zu glauben, da steht ein Verrückter, und 50 Leute nehmen den noch ernst und hören dem zu, da ist doch jede Zeit zu schade! Das meinen Sie doch nicht ernst, was da auf Ihrem Schild steht!?"

„Ja, das meine ich ernst!"

„Dann ist Ihnen nicht mehr zu helfen."

In diesem Moment drehten sich die herum, die gerade von mir die Erklärung bekamen, und versuchten denen, die sich gerade lauthals darüber aufregten, die Aktion und die richtige Deutung der Aussage zu erklären: „Wissen Sie, wie der das meint, passen Sie mal auf . . ."

● Im Rahmen einer Schulung in Stuttgart hatten sich einige Teilnehmer bereiterklärt, verschiedene Aktionen erstmals auszuprobieren. Wir verteilten uns auf die sich lang hinziehende Königsstraße, so daß man uns nicht gleich miteinander in Verbindung bringen konnte. Ohne, daß es uns bei der Vorplanung bewußt wurde, ergab sich dann folgende komische Zusammenstellung: Ein Mann kam auf mich zu (ich stand in der Mitte der Königsstraße mit dem Schild „Ich bin Gott") und fragte etwas verwirrt: „Ich verstehe gar nichts mehr! Oben bei Saturn steht ein Mann auf einer kleinen Trittleiter, hat ein Schild vor dem Bauch ‚Ich bin ein höheres Wesen', unten am Bahnhof steht eine junge Frau, hat die Augen verbunden und hält ein Schild vor sich ‚Es gibt keinen Gott', und Sie stehen hier herum und behaupten, daß Sie Gott seien. Was stimmt denn jetzt . . ., gehören Sie alle zusammen, . . . was soll denn das . . .?"

Erklärungsmuster

Eigentlich könnte jeder von uns mit einem Button „Ich bin Gott" herumlaufen, und es wäre nicht gelogen oder übertrieben. Denn jeder lebt diese Aussage mehr oder weniger im Alltag. Und da lacht keiner. Aber wehe, uns hält ein anderer so ein Schild entgegen.

In der großen Weltpolitik wird das schnell deutlich: Da halten sich viele Menschen für unumschränkte Herrscher, und sind doch nur Diktatoren, die sich als kleine oder große Götter aufspielen: Hussein, Hitler, Honecker und so weiter. Sie entscheiden darüber, welche Menschen weniger Rechte haben, sie entscheiden über Leben und Tod, und sie entscheiden über Gut und Böse. Sind das keine Götter?

Und machen die übrigen Menschen das im Kleinen nicht ebenso? Vielleicht sind wir gegenüber anderen Menschen nicht so brutal, aber wir behandeln unser eigenes Leben so, als seien wir Gott: Wir entscheiden selbst, was wir als richtig und falsch ansehen und was als Gut und Böse einzustufen ist. Wir setzen uns selbst die Maßstäbe. Wir sind uns selbst die letzte Instanz. Ist das nicht auch der Versuch, Gott gleich sein zu wollen? In vielen Bereichen unseres Lebens kommt dieses „Ich bin Gott"-Denken in verschiedenen mehr oder weniger verschlüsselten Formen zum Ausdruck:

▷ Der langjährige Box-Weltmeister Cassius Clay war berühmt-berüchtigt für seinen Ausspruch „Ich bin der Größte";

▷ Der Kommunismus/Marxismus sagt (immer noch): „Wir schaffen das Paradies auf Erden, es ist nur eine Frage der Zeit und Evolution, der Entwicklung. Wir brauchen Gott nicht mehr, das Paradies machen wir selbst."

▷ Einen Tag nach dem Atomreaktor-Unfall in Tschernobyl sagte der damalige Innenminister Zimmermann (CSU) im Fernsehen: „Wir haben alles im Griff, es muß sich keiner fürchten". Man hat das Problem heute noch nicht im Griff, aber der Politiker hatte schon einen Tag nach dem Unfall für alles eine Lösung. Das ist eine der typischen Aussagen, die den menschlichen Machtanspruch demonstrieren: „Ich bin Gott, ich habe alles im Griff, ihr braucht keine Angst zu haben."

▷ Die Gentechnologie sagt: „Wir schaffen Leben, es ist nur eine Frage der Zeit und der Forschung. Wir verändern Le-

ben so, wie wir es brauchen. Wir benötigen Gott nicht mehr dazu, wir machen das jetzt alles selbst . . ."
Da rieche ich doch aus allen Knopflöchern die Aussage: „Ich bin Gott"!

▷ Vor kurzem sah ich im Fernsehen einen wissenschaftlichen Bericht über Informatiker, die ernsthaft darüber sprachen, daß es möglich sei, in etwa 40 Jahren durch Koppelungen diverser kompliziertester Computer, die Intelligenz einer Fliege nachzubauen. Und dann sagte einer der Wissenschaftler voller Stolz vor laufender Kamera: „. . . und wenn wir das geschafft haben, dann sind wir Gott . . .". Der hatte sicher noch nichts von meiner Aktion gehört, aber ich dachte sofort: Das paßt genau zu der Straßenaktion, das ist wieder so ein Puzzlesteinchen in dem Bild „Ich bin Gott". Und wenn ein Wissenschaftler im Fernsehen so etwas sagt, dann nicken alle mit dem Kopf, stimmen zu und staunen. Aber wenn jemand mit der gleichen Aussage auf der Straße steht, halten ihn alle für verrückt . . .

Das sind nur ein paar Beispiele aus verschiedenen Bereichen. Diese Überheblichkeit ist übrigens auch kein neues Problem. Daß der Mensch sich groß fühlt und selber Gott sein will, ist uralt. Die Thematik wird ja in der Bibel an verschiedenen Stellen behandelt: Im Paradies fing es an (nachzulesen in 1. Mose 3), als der Mensch autonom und selbständig sein wollte und selbst entscheiden wollte, was Gut und Böse ist. Und das war sein großes Verhängnis.

Am drastischsten wird diese urmenschliche Eigenschaft in Ezechiel 28,1–10 beschrieben:

„Der Herr sagte zu mir: Du Mensch, sag zum Herrscher von Tyros: ‚Höre, was Gott, der Herr, dir zu sagen hat: Du bildest dir etwas ein auf deine große Macht. Du behauptest: Ein Gott bin ich; wie ein Gott throne ich auf meiner Insel mitten im Meer! Du

hast dich zum Gott erklärt, obwohl du doch nur ein Mensch bist. Du bist zwar weiser als der berühmte Daniel, kein Geheimnis ist dir zu tief. Durch deine Klugheit blühte dein Handel, du bist reich geworden und hast deine Schatzkammern mit Gold und Silber gefüllt. Aber dein Reichtum ist dir zu Kopf gestiegen; du überhebst dich und stellst dich Gott gleich. Deshalb sage ich, der Herr: Ich führe Feinde gegen dich heran, die erbarmungslosesten der Völker; dann helfen dir alle deine Fähigkeiten nichts mehr, und deine Pracht wird in den Schmutz getreten. Du selbst mußt hinunter zu den Toten; in deiner Festung mitten im Meer wird man dich erschlagen. Wenn deine Mörder auf dich eindringen, wirst du dann auch noch sagen: Ein Gott bin ich? Du wirst ihnen so hilflos ausgeliefert sein wie irgendein Mensch. Fremde erschlagen dich, du erleidest einen schändlichen Tod. Ich, der Herr, führe das herbei.'"
(Die Gute Nachricht – die Bibel in heutigem Deutsch)

Eine Bemerkung am Rand für Leser, die sich noch weiter mit diesem Thema beschäftigen wollen. Nicht ganz nachvollziehen kann ich Psalm 82, in dem wir Menschen in einem bestimmten Zusammenhang als Götter bezeichnet werden. Diese Bibelstelle zitiere ich aber auf der Straße bei der Aktion nicht.

Übrigens wird nun hoffentlich auch deutlich, was ich meinte, als mich ein Passant fragte, wie ich denn zu der Aussage gekommen sei, und ich daraufhin antwortete: „Ich habe mein Leben beobachtet und bin dann zu dem Schluß gekommen, daß ich Gott bin". Natürlich mißversteht diese Aussage jeder (und so soll es ja auch sein) als Überheblichkeit, Anmaßung und Selbstüberschätzung. Es ist aber als Selbstanklage zu verstehen: Ich klage mich an, daß ich mich immer wieder zum Gott erhebe und Gott nicht Gott sein lasse, sondern mich über ihn stelle. Daß ich viel zu häufig in meinem Leben beim Reden oder Schweigen Gott ignoriere. Natürlich spiele ich mit dem Mißverständnis „Selbstüberschätzung – Selbstanklage", sonst würde ja keiner stehenbleiben und sich aufregen. Dann kämen auch keine Gespräche zustande.

Interessant ist, daß nach der „Auflösung", viele die vorher noch „dicke Backen" gemacht und mit großen Sprüchen versucht haben, mich hochzunehmen, plötzlich ganz kleinlaut werden. Viele bestätigen mich sogar noch und helfen mir, Beispiele zu finden. Manchmal fangen sie plötzlich an, mich zu verteidigen, wenn neu dazugekommene Passanten versuchen, mich zu kritisieren.

ICH BIN GOTTes Ebenbild:
Man kann die Aktion auch leicht verändern, in dem man hinter dem groß und fett geschriebenen „ICH BIN GOTT" ein klein geschriebenes „es Ebenbild" hängt, so daß der neugierige Passant erst, wenn er ganz nah vor dem „Aktionär" steht, die vollständige Aussage lesen kann: „ICH BIN GOTTes Ebenbild". Das ergibt natürlich eine ganz andere Gesprächsrichtung, als ich sie oben beschrieben habe. Es geht dann weniger um die Frage, daß jeder Mensch gerne „Gott" sein will, als um die positive Grundaussage, daß Gott uns nach seinem Bild geschaffen hat.

Eventuell kann man dabei auch über die wichtige Tatsache nachdenken, daß man oft, bevor man Dinge ver- oder beurteilt, ganz nah rangehen und genau hinschauen sollte.

Klinsmann II

Die *Klinsmania* in England treibt immer neue Blüten. Nun ließ sich Andrew Scott (24) auf den Namen des deutschen Nationalstürmers Jürgen Klinsmann von Tottenham Hotspurs umtaufen. „Das ist die höchste Ehre, die ich Jürgen erweisen kann. Ich nenne Klinsmann einen Gott", erklärte der arbeitslose Elektriker aus London, dessen Anwalt sich laut Scott beim Ausfüllen des Antrages auf Umbenennung köstlich amüsiert habe. Klinsmann selbst meinte: „Ich weiß nicht, ob ich das als Ehre betrachten soll. Er muß mein größter Fan sein." Erst jüngst hatte ein Vater seinem gerade geborenen Sohn den zweiten Vornamen „Klinsmann" gegeben.
(Artikel des Sportinformationsdienstes „sid", aus der „Süddeutschen Zeitung" Nr. 47, Febr. 1995)

5. Ich bin ein höheres Wesen

Die Aktion

Ich stehe auf einer kleinen Trittleiter und habe ein großes Plakat mit der Aufschrift „Ich bin ein höheres Wesen" vor meinem Oberkörper hängen.

Die Anfangsphase bei dieser Aktion ist etwas schwierig, da man sich durch die Höhe meist selbst als etwas „überheblich" empfindet. Weil man ja von oben mit den Leuten über ernsthafte Dinge sprechen möchte, bekommt man, ohne daß man es will, eine „Von-oben-herab-Stimmung", die man zwar bald verliert, die einen aber anfangs etwas verwirrt.

Gespräche und Erfahrungen

● „Was wollen Sie mit der Aktion bezwecken?"
„Ich möchte mit Leuten ins Gespräch kommen."
„Worüber?"
„Über das Thema Überheblichkeit und darüber, was ein höheres Wesen ist."
„Das verstehe ich nicht."
„Schauen Sie doch mal, was ich hier symbolisch mache: Ich überhebe mich, bin überheblich. Wir sind doch alle mehr

oder weniger höhere Wesen. Diese Einstellung fühlt und lernt doch jeder tagtäglich in allen möglichen Bereichen. Im Kinderzimmer fängt das an, geht weiter im Kindergarten, in der Schule, an der Uni und im Berufsleben. Mir wird beigebracht, daß ich mich überheben muß, um vorwärts- und weiterzukommen. Ich muß besser und schneller sein als mein Konkurrent, mich immer nach oben orientieren und die Konkurrenz ausschalten. Ich will immer nach oben, in eine Richtung, in der es mir scheinbar besser geht. Ich orientiere mich nicht nach unten, wo ich real gebraucht werde.

Der Stärkere ist dem Schwächeren gegenüber ein höheres Wesen. Wer das meiste Geld oder die größte Macht hat, wer die meisten Waffen besitzt, die bessere Schulausbildung genossen hat, und wer intelligenter und einflußreicher ist, der spielt sich den anderen gegenüber als höheres Wesen auf. Das kann man schon im Kindergarten beobachten. Am Schluß endet dieses Verhalten dann in den Kriegen zwischen Nationen und Volksgruppen."

„Ja, da haben Sie eigentlich recht, aber worauf wollen Sie denn nun hinaus?"

„Erstmal muß ich mir dieser Tatsache bewußt werden und mich diesem Trend zur Überheblichkeit stellen. Das steckt tief in jedem Menschen drin, und auch der Stolz spielt dabei eine ganz große Rolle.

Wissen Sie, ich verstehe mich als Christ und möchte von Gott lernen, immer wieder von meinem hohen Roß herunterzukommen. Gott ist ja ein höheres Wesen, aber er ist kein höheres Wesen geblieben. Er ist die Leiter herabgestiegen und hat sich auf eine Ebene mit uns gestellt, indem er Mensch wurde. Das ist eigentlich etwas total Verrücktes. Gott hatte es nicht nötig, sich auf unsere Ebene zu begeben. Es hat ihn keiner gezwungen. Er ist Mensch geworden, weil er uns retten wollte. Das zeigt seine außerordentliche Liebe. Gott ist nicht überheblich, und er läßt uns nicht kaputtgehen, sondern läßt sich auf uns ein. Er stellt sich sogar noch unter uns, indem er uns durch Jesus Christus dient. Gott bedient uns, und wir sind die Beschenkten. Dieser Gedanke ist eigentlich so absurd, daß ich, wenn ich das richtig verstehen lerne, selbst beginne, anderen Menschen zu dienen. Ich fange an, sie zu bedienen, indem ich zum Beispiel den Kindern von Asylanten Deutsch beibringe, alte Menschen pflege, Behinderte ausfahre, mit ihnen spreche, ihnen etwas vorlese oder sonst etwas tue.

Damit stelle ich mich dem Leid und solidarisiere mich mit den Aussätzigen unserer Gesellschaft. Dann bin ich kein höheres Wesen mehr."

● „Meinen Sie das ernst, daß Sie ein höheres Wesen sind, oder soll das nur ein Witz sein?"

„Das meine ich ernst."

„Das kann doch nicht Ihr Ernst sein?"

„Warum denn nicht?"

„Weil Sie nicht aussehen wie ein höheres Wesen."

„Wie sieht denn ein höheres Wesen aus?"

„Das kann ich Ihnen auch nicht beschreiben. Wenn ich es beschreiben könnte, stünde ich ja intellektuell über dem höheren Wesen. Und das ist ja gerade das Typische für ein höheres Wesen, daß es von einem niederen Wesen nicht oder nur sehr begrenzt beschrieben und definiert werden kann."

„Da würde ich Ihnen sofort recht geben. Sie haben genau den Kern erkannt. Deshalb ist es ja auch für uns Menschen unmöglich, Gott zu verstehen. Wir können ihn nicht hinterfragen, sonst wären wir ja die letzte Instanz. Aber Gott kann sich zeigen, kann sich aus seiner Unendlichkeit in unsere Endlichkeit begeben. Und das hat er in Jesus getan. Seit dieser Zeit ist Gott uns nicht mehr fremd. Wenn Sie wissen wollen, wer Gott ist, schauen Sie sich Jesus an."

● „Sagen Sie mal, wie lange stehen Sie schon auf der Leiter?"

„So etwa zwei Stunden."

„Ja, ich beobachte Sie nämlich schon seit eineinhalb Stunden aus dem Restaurant schräg gegenüber. Was bekommen Sie dafür, daß Sie hier stehen?"

„Nichts bekomme ich dafür."

„Ach, das können Sie mir doch nicht erzählen, daß Sie da zwei Stunden auf der Leiter stehen und nichts dafür bekommen!"

„Doch, das kann ich Ihnen erzählen, weil es so ist. Ich bekomme wirklich kein Geld dafür."

„Wer steht denn hinter Ihrer Aktion?"

„Ich, ich stehe dahinter."

„Nein, ich meine von welcher Organisation kommen Sie?"

„Von keiner."

„Wie denn! Von keiner Organisation?"

„Nein, ich komme von keiner Organisation, ich komme von mir."

„Das glaube ich nicht. Sie stehen doch nicht einfach auf einer Leiter, ohne daß jemand dahintersteht, irgendeine Gruppe oder Organisation."

„Doch, genau so ist es. Nur ich stehe dahinter. Ich bin alleine dafür verantwortlich. Keine Gruppe hat mich geschickt, die Sache hier hat keinen doppelten Boden."

„Das gibt's ja nicht, das hab' ich ja noch nie erlebt."

„Das macht nichts, alles erlebt man irgendwann zum erstenmal . . ."

● Wenn man lange Zeit auf einer Leiter steht, weiß man nicht immer, wo man die Hände unterbringen soll. Mal sind die Arme verschränkt, mal hat man die Hände hinter dem Rücken gefaltet, dann steckt man sie in die Hosentasche.

Als ich in Wuppertal auf der Leiter stand, die Hände tief in der Hosentasche vergraben, hoffte ich, daß mir jetzt keiner einen Schubs geben würde. Denn dann wäre ich von der Leiter gefallen, ohne mich abstützen zu können, weil ich so schnell die Hände wohl nicht aus der Hosentasche bekommen hätte.

Nach etwa drei Stunden auf der Leiter lief plötzlich ein Jogger hinter mir vorbei, gab mir einen kleinen Stoß und rief mir beim Vorbeilaufen noch nach: „Siehst du, so schnell ist ein höheres Wesen unten!". Ich fiel von der Leiter, konnte mich aber zum Glück noch rechtzeitig abfangen und hätte gerne mit ihm über seine Aussage gesprochen, aber leider ließ er sich auf kein Gespräch ein, er lief einfach weiter. Natürlich hatte der Jogger mit seiner Aussage völlig recht. Wie schnell ein höheres Wesen stürzen und wieder ganz unten anfangen kann, sieht man momentan an dem Verfall des Kommunismus und seiner kleinen und großen Diktatoren. Aber auch die Überheblichkeit und Selbstsicherheit der Technik-Fanatiker fiel durch das Erdbeben in Japan zusammen wie ein Kartenhaus. Wie schnell ist da ein „höheres Wesen" unten!!

Tips für den Nahkampf mit echten Heiden

Es gibt Christen, die waren es selber vor ihrer Entscheidung: nämlich Heiden. Aber, wie das Leben so spielt, vor lauter Erbauungsbedarf wird der Abstand größer und größer. Unter den Aktiven der Kerngemeinde werden Erinnerungen und Fotos ausgetauscht. Das waren noch Zeiten, als man so richtig in der Welt und selbst noch ein Heide war.

Aber jetzt sind missionarische Aktionen angesagt, und da braucht man sie: einige ausgewählte und möglichst zerknirschte Exemplare unter den real existierenden Heiden.

Also los geht's! Heiden zu entdecken und zu beobachten ist relativ einfach, handelt es sich dabei doch um eine weit verbreitete Spezies.

Der durchschnittliche Heide pflegt sich an säkularen Plätzen aufzuhalten. Ist er jung, ist es die sogenannte „Szene". Gemeint ist nicht eine Sketchszene, sondern verschiedene Orte, zu denen sich besonders viele Leute geführt sehen. Manchmal sind das auch Kulturveranstaltungen. Das hat nicht immer etwas mit Kulten zu tun, und es werden dort höchstens Rauchopfer, aber eigentlich nicht mehr Tieropfer dargebracht. Oder sie treffen sich in verschiedenen Lokalitäten, die durch den Ausschank süchtig machender Getränke verrufen sind.

Außerdem trifft man Heiden jeglichen Alters in Vereinen, die sich die Pflege egoistischer und gottesdienstfeindlicher Interessen zum Anliegen gemacht haben. Auch bei Straßenfesten und in Schrebergärten kann man ihnen begegnen.

Nun zu den Lebensgewohnheiten.

Der Heide neigt nicht dazu, sich in Gotteshäusern aufzuhalten, es sei denn zu touristischen Zwecken. Auch dem sonntäglichen Gottesdienst zieht er andere Vergnügungen vor. So findet man ihn zur selben Zeit beim Autowaschen, Unkrautjäten oder beim Fuß-Baal (Götzendienst!). Bei schönem Wetter sind sie im Grünen sogar in erhöhter Frequenz zu beobachten (dort, wo auch die von uns sind, die der Verkündigung fernbleiben). Leider sind das alles Dinge, die für uns zur Versuchung werden können und deswegen den Kontakt mit Heiden so fürchterlich gefährlich machen.

Jetzt kann man sich zur Herstellung einer ersten Feindberührung langsam heranrobben, unter Ausnutzung jeder sich bietenden Deckung, versteht sich. Unsere Chance ist, daß man uns so spät wie möglich entdeckt.

Wenn wir in Hörweite sind, werden wir feststellen, daß sie bis auf einige Ausdrücke (zum Beispiel „am Wort dienen". . .) genauso sprechen wie wir. Nun können wir ein Gespräch anfangen, während wir unseren Gegner mit einem Blick fixieren wie die Schlange das Kaninchen (mit einem Blick, der keinen Zweifel daran läßt, daß unser Gegenüber ein verlorener Sünder ist).

Beginnen wir das Gespräch:

Hier ist der Hinweis wichtig, den vorliegenden Heiden nicht mit der Ehrenbezeichnung „Bruder" oder „Schwester" anzureden. Das gibt es bei den Heiden zwar auch, aber nur bei einer kleinen Gruppe, die sich Junkies (sprich: Dschankiies) nennen und Stoff konsumieren (nein, nicht Baumwolle, sondern Rauschmittel).

Außerdem müssen wir damit rechnen, daß unser Gegner nicht erweckt genug ist, unser Zeugnis demütig anzunehmen. Vielleicht wird er Fragen stellen, auf einige Begriffe belustigt reagieren. Aber davon lassen wir uns ja nicht abschrecken.

Weiterhin empfiehlt es sich, nicht einfach von „unserem Herrn" zu reden, da für den säkularen Heiden nicht klar ist, ob wir Herrn Müller oder Herrn Kohl meinen. Es empfiehlt sich, unseren Religionsstifter beim Namen zu nennen.

Also reden wir in klaren einfachen Sätzen von unserem Glauben. Mit Worten, die wir auch an unserem Arbeitsplatz gelernt haben, wo wir als verdeckte Agenten unter den Heiden arbeiten.

Geduld ist dabei angesagt. Nur härtere Christenverfolger bekehren sich auf Anhieb (zum Beispiel Paulus). Deshalb empfiehlt es sich, das Drohen mit der Hölle zu unterlassen. Es gibt auch diplomatischere Wege, um den Heiden deutlich zu machen, daß ein Leben ohne Jesus ein ganz großer Käse ist.

(Hartmut Riemenschneider)

6. Mach's wie Gott

Die Aktion

Ich stelle mich auf die Straße mit einem etwa 15 x 40 cm großen Schild, auf dem „MACH'S WIE GOTT – WERDE MENSCH" steht.

Diese Aktion hat einen ganz einfachen Hintergrund: Es gibt ja eine landläufige Meinung darüber, was menschlich oder unmenschlich ist. Aber wer entscheidet eigentlich darüber? Die gängige Meinung kann nicht zum entscheidenden Maßstab werden, denn sie ist relativ und veränderbar.

Mensch, laß dich los zu deinem Gott hin, und du wirst dich selbst wiederhaben.

Im Dritten Reich hielt man es nicht für unmenschlich, Juden umzubringen; heute halten viele Menschen Abtreibung für akzeptabel. Ist es nicht gefährlich und riskant, wenn der Mensch sich selbst den Maßstab gibt, was menschlich und unmenschlich ist, egal aus welcher politischen oder ethischen Richtung er argumentiert?

Ich kann mich als Kapitän auch nicht an der Bug-Fahne meines eigenen Schiffes orientieren. Sie ist Bestandteil meines Schiffes. Orientiere ich mich an ihr, laufe ich Gefahr, auf Dauer immer im Kreis zu fahren, auch wenn mancher Kapitän das erst sehr spät merkt. Ein verantwortlicher Kapitän wird sich an den Sternen, dem Stand der Sonne und des Mondes und den Angaben seiner Meßinstrumente orientieren. Meine Orientierung muß immer außerhalb meiner eigenen Person liegen, wenn ich mich nicht im Kreis drehen will.

Und wer sagt eigentlich, daß die Mehrheit immer recht hat und richtig liegt? Es ist ein großer Schwachpunkt und Trugschluß der Demokratie – so positiv sie auch in vielen Bereichen ist –, daß sie mehr oder weniger suggeriert, daß alles, was die Mehrheit entscheidet, richtig und gut sei. Aber die Mehrheit der Menschen kann nicht Maßstab für Menschlichkeit sein, weil der Orientierungspunkt dafür außerhalb des Menschen liegen muß.

Nur der hat eigentlich das Recht, einer Sache den Sinn zu geben, der sie erfunden und erschaffen hat. Wer den Staubsauger erfunden hat, hat die Erlaubnis zu sagen, was mit dem Staubsauger gemacht werden kann und soll, und wie man ihn handhabt. Der Erfinder hat das alleinige Recht der Sinngebung. Natürlich kann ich einen Staubsauger-Ende sinnentfremden, und mit ihm zur Bank gehen, ihn mal kurz in die Kasse (möglichst die mit den Scheinen) reinhalten (am besten geht das mit Akku-Staubsaugern) und damit einen Bankraub durchführen. Oder ich kann das Staubsaugerende in einen Farbtopf halten und die Wände damit anmalen. Auf der Welt-Kunstausstellung „documenta" in Kassel werden ja solche „Experimente" durchgeführt. Das alles kann ich mit einem Staubsauger machen, aber den eigentlichen Sinn des Gerätes, nämlich Staub zu saugen, habe ich damit nicht erfüllt. Der Staubsauger erfüllt nicht mehr seinen ursprünglich Zweck, er wird sinnentfremdet eingesetzt.

Ob du lebst, ist nicht eine Frage der Existenz, sondern der Qualität.

Ähnlich läuft es bei vielen Menschen ab. Ich persönlich glaube, daß ich von Gott ge- und erschaffen bin. Und wenn dem so ist, dann hat nur Gott das Recht, den Sinn des Menschen zu definieren. Ich kann mir zwar auch einen Sinn geben, er wird aber dem Menschsein nicht gerecht. Ich kann alles mögliche mit meiner Existenz machen. Und auch wenn vieles davon bis zu einem bestimmten Grad interessant und schön ist, habe ich doch letztendlich meinen Sinn verfehlt.

Gott erst macht mich zum Menschen, das heißt zu einem Wesen mit Qualität. Ich ordne mich seiner Definition von Mensch-Sein unter.

Kein Grund zur Überheblichkeit

Vermag sich auch eine Axt zu rühmen wider den, der damit haut, oder eine Säge groß zu tun wider den, der sie zieht?
Jes. 10,15

Es ist still geworden in der Tischlerwerkstatt. Feierabend. Der Geruch von Leim, frischen Sägespänen und Holz liegt noch in der Luft.

Doch was ist das? Wer spricht dort?

„Wirklich gut habe ich das gemacht", sagt die Säge mit knarrender Stimme. „Ha, wie ich mich durch's Holz gefressen habe; ein schnurgerader Schnitt! Der Fensterrahmen dort ist mein Werk."

„Brrrr!" hört man die Bohrmaschine aufgebracht dazwischenbrummen. „Ohne mich wäre daraus nur ein Brett geworden. Wer außer mir hat die Zapfen gesetzt, die Nut gefräst, die . . ."

„Ich unterbreche nur um der Wahrheit willen", zischt der Hobel ärgerlich. „Aber du kamst doch erst nach mir dran. Schließlich habe doch ich für die glatten Flächen gesorgt und wahrscheinlich . . ."

Weiter kommt er auch nicht. Nun wollen auch die anderen Werkzeuge nicht mehr schweigen.

„Nur keine krummen Touren!" ruft der rechte Winkel aufgebracht. Die Feile knirscht mit den Zähnen, der Schraubenzieher verdreht sich vor Aufregung fast den Hals, und die Nägel rasseln empört in ihrer Kiste.

„Was wärt ihr andern ohne mich?!" schreit alles durcheinander. „Was wärt ihr ohne mich?"

Bis schließlich der Meister auf den Lärm in seiner Werkstatt aufmerksam wird und nachschaut.

Da verstummen alle Werkzeuge, und die Lackfarbe, die eben noch erbost in ihrem Topf herumgluckerte, errötet leicht.

„Ohne die Hand des Meisters", flüstert sie, „wären wir alle nichts."

(Rudolf Horn; Rechte beim Verfasser)

X

Gewöhnlxch funktxonxert dxe Schrexbmaschxne ausgezexchnet, doch heute stxmmt
etwas nxcht mxt exner der Tasten. Alle anderen vxerundvxerzxg Tasten sxnd xn bester
Ordnung; dennoch fällt es sehr auf, daß exne
ausgefallen xst.
Dxese unbrauchbare Taste zexgt uns, daß es
unbedxngt notwenxg xst, daß kexn exnzxger
Gläubxger sxch vor sexner Arbext drückt!
„Dxe andern sollen es machen; es geht auch
ohne mxch", sagt mancher. Wxe oft xst dxes so
– nxcht nur xn der Polxtxk, sondern auch xn
der Gemexnde und xn der Mxssxon. Wenn
exner sxch vor der für xhn bestxmmten Aufgabe drückt, werden andere bxs an den Rand
xhrer Kräfte arbexten müssen, um sexne Nach-
lässxgkext wettzumachen. Jeder, der mexnt,
daß er nxcht benötxgt sex, soll an dxese
Schrexbmaschxne denken und sxch sagen:
„Es kommt auf mxch an! Xch bxn mxtverant-
wortlxch für dxe weltwexte Mxssxons-
aufgabe."

7. Puzzle

Aktion

Ich besorge mir einen Tapeziertisch, ein paar Klappstühle und ein Puzzle mit möglichst vielen Teilen (ca 5.000). Auf den meisten Flohmärkten kann man gebrauchte Puzzlespiele günstig einkaufen, es muß auch nicht vollständig sein, sollte aber möglichst viele Einzelteile haben. Den Tapeziertisch stelle ich in der Fußgängerzone so auf, daß ich keinen behindere oder belästige – also nicht vor einem Geschäft oder Schaufenster. Auf den Tisch lege ich eine einfarbige Decke (weil sonst das Puzzle schwierig zu legen ist), stelle die Klappstühle um den Tisch herum und schütte die Puzzleteile auf den Tisch (Achtung: bei mittlerem bis starkem Wind ist die Aktion nicht durchführbar, da die Puzzleteile dann wegfliegen). Ich achte darauf, daß die Leute drumherumstehen können, ohne jemanden zu belästigen.

Den Deckel des Puzzles, auf dem das fertige Bild zu erkennen ist, lasse ich zu Hause. Ich setze mich an den Tisch und fange an zu puzzeln. Innerhalb kürzester Zeit kommen Leute dazu und fragen, ob sie mitpuzzeln dürfen.

Man sollte bei dieser Aktion viel Zeit mitbringen, denn es gibt Leute, die puzzeln so lange, bis das Bild fertig ist. Da kann man schlecht mittendrin abbrechen.

Bevor ich mit dieser Aktion begann, wußte ich nicht, daß es so viele (unterschiedliche) Typen von Menschen gibt, die nicht nur gerne puzzeln, sondern teilweise sogar richtig süchtig danach sind.

Gespräche und Erlebnisse

● „Was machen Sie da?"
„Ich puzzle."
„Kann man da mitpuzzlen?"
„Ja gerne, Sie können sich dazusetzen oder, wenn Sie lieber im Stehen puzzeln, können Sie auch stehenbleiben."
Manche Passanten, die Einkaufstaschen dabei haben, stellen sie ab oder schieben sie unter den Tisch und setzen sich dann dazu, um „an die Arbeit" zu gehen. Nach einiger Zeit des Puzzelns fragt jemand:
„Was soll da eigentlich rauskommen?"
„Weiß ich auch nicht."
„Haben Sie nicht irgendwo einen Deckel mit dem fertigen Bild?"
„Nein, habe ich nicht."
„Ach, kommen Sie! Kann ich denn nicht mal kurz den Deckel haben?"
„Einen Deckel gibt es leider nicht."
„Wie! Sie haben gar keinen Deckel?"
„Nein."
„Wie viele Teile hat denn das Puzzle?"
„Ich glaube so etwa 5.000 Teile."
„Sie kriegen doch nie ein Fünftausender-Puzzle ohne Vorlage zusammen! Wie lange wollen Sie denn dann daran sitzen?"
„Na klar kriegen wir das hin, wir können es auf jeden Fall mal versuchen. Wir probieren es einfach ohne Deckel und Vorlage. Das ist doch wie im richtigen Leben, da probiert doch auch jeder, seine Puzzleteilchen zusammenzubringen. Das geht doch allen so. Wir puzzeln im Alltag auch

einfach drauflos, ohne irgendeine Vorlage zu haben. Oder haben Sie eine Vorlage, nach der Sie ihr Leben ausrichten?"

„. . ."

„Jeder probiert, seine Lebens-Puzzleteilchen zusammenzubringen. Da wird hier mal eines versucht und da mal eines ausprobiert. Wenn die Frau nach ein paar Jahren nicht mehr paßt, wird sie weggeschmissen, ausgetauscht, und es kommt die nächste dran. Nach dem Zeitgeist-Motto: Wenn der Mann in die Wechseljahre kommt, wechselt er die Frau, wenn die Frau in die Wechseljahre kommt, wird sie gewechselt. Und dieses Prinzip läuft im privaten Bereich ganz genauso ab wie im politischen. Wenn ein Volksstamm in Afrika nicht mehr so ganz in das Konzept paßt, wird er verjagt, da werden dann kurzerhand 100.000 Menschen in den Hunger und damit in den Tod geschickt. Was soll's, wir leiden doch sowieso unter Überbevölkerung, da kommt's doch auf den einen oder anderen nicht mehr an.

Jeder lebt nach seiner Vorstellung, ohne Vorlage, oder haben Sie eine Vorlage, ein Vorbild, nach dem Sie ihr Leben puzzeln, gestalten und ausrichten? Und wenn einer tatsächlich einmal eine Vorlage hat, dann gilt auf jeden Fall die Devise, daß sich jeder selbst eine auswählen kann. Jeder glaubt, er müsse sein eigener Herr sein. Es gibt aber kein allgemeingültiges Vor-Bild für das Menschsein.

Wo der Prototyp für den Mensch ist? Den gab und gibt es, aber den wollten die Leute nicht. Stellen Sie sich dieses Puzzle hier auf dem Tisch vor. Wenn ich hier fünf verschiedene Deckel liegen hätte, könnte keiner das Puzzle beenden. Aber genau das ist unsere Realität. Wir haben Tausende von Vorlagen, und was dabei herauskommt, können Sie täglich in den Nachrichten verfolgen."

„Wie denn, wollen Sie jetzt mit mir philosophieren?"

„Wenn Sie Lust dazu haben, dann ja, aber wenn nicht, können wir auch einfach nur puzzeln . . ."

„Ja, haben Sie denn eine Vorlage, nach der Sie leben?"

„Ich bin Christ. Und Jesus Christus ist meine Vorlage. Er ist
für mein Leben das Urbild, der Prototyp des Menschen. In
dieses Bild werde ich nie perfekt reinpassen, aber danach
richte ich mich aus, weil ich seinem Bild ähnlicher werden
möchte."

● Ich puzzle mal wieder. Ein etwa 25jähriger Mann setzt
sich dazu und puzzelt jetzt schon fast eine Stunde. Plötzlich
fragt er nach dem Deckel.
Ich erkläre ihm den Sinn der fehlenden Vorlage und sage,
daß es Menschen gibt, denen fällt auf einmal mit 80 Jahren
die Frage nach dem Sinn des Lebens ein. Genauso kommt
mir nämlich seine Frage vor, nachdem er bereits eine Stunde
lang herumprobiert hat. Zum Glück gibt es Teenies, die
schon mit 15 Jahren nach dem Sinn des Lebens fragen und
so ein ganzes Leben sinnvoll gestalten können. – Aber vielleicht ist es besser, noch mit 80 nach der richtigen Vorlage zu
fragen, als gar nicht – und dann plötzlich auf dem Friedhof
zu landen.

Erklärung

Jesus ist für mich die Vorlage, mein Vorbild, an dem ich
mein Leben, Reden, Tun und Schweigen ausrichten und an
dem ich mich orientieren will und kann. Er ist das Bild, dem
ich ähnlicher werden möchte. Wir sollen ja in sein Bild ver-
wandelt werden (2.Korintherbrief 3,18). Das braucht Zeit,
wie ein gutes und großes Puzzle auch Zeit und intensive Beschäftigung braucht. Das kann ich nicht einfach nebenbei
machen. Die Orientierung an Jesus braucht Zeit und gelingt
nicht einfach so zwischendurch, wenn ich mal zwei Minuten frei habe.
Jeder Mensch benötigt eine Vorlage. Das Problem ist, daß
nur wenige Jesus als Vorbild akzeptieren. Jeder orientiert

sich mit den Lebenspuzzleteilen, die ihm zur Verfügung stehen, an verschiedenen Vorbildern, die ihm gerade passen, und das ganze wird dann eine mißlungene Mixtur verschiedener Ideale. Da nimmt und akzeptiert man hier etwas aus der Bergpredigt, da etwas aus dem Hinduismus, mixt es mit etwas sozialer Marktwirtschaft, dazu kommt eine Prise Humanismus, hier wieder eine paar Teile aus dem esoterischen Bereich und als Nachtisch dann etwas Kapitalismus. Nicht die Vorlage gibt an, wie mein Bild zu werden hat, sondern mein Geschmack, meine Einstellung und Meinung; mein Egoismus gibt den Ton an. Welche chaotischen Bilder dabei herauskommen, können wir täglich im Fernsehen beobachten oder in der Zeitung lesen.

Jesus ist für mich das Ur-Bild: So hat sich Gott den Menschen gedacht und vorgestellt. An ihm muß sich jeder messen. An ihm sehe ich, wie weit ich mich vom Mensch-Sein entfernt habe, wie unmenschlich ich bin. Er ist der Prototyp eines gesunden Menschen. Und diesen Prototypen suche ich mir nicht aus, der besteht unabhängig von meiner Meinung.

Um zu puzzeln, muß ich meine Einkaufstaschen loslassen, denn mit vollen Händen kann ich nicht puzzeln – auch das ist ein guter Anknüpfungspunkt: Es gibt viele Menschen, auch unter Christen, die ihre Belastungen, Fragen, Konflikte, Interessen einfach nicht loslassen können – und sich wundern, daß sie mit ihrem Bild überhaupt nicht weiterkommen.

Anweisungen an einen Teufel in Aufstiegsposition
Missionix

Dank eines glücklichen Zufalls ist es uns gelungen, ein Gespräch im Schaltzentrum der höllischen Macht zu belauschen.

Oberteufel: *„Lieber Missionix, du stehst vor der Bewährungsprobe deines langen Lebens. Wenn du diesen Auftrag mit Erfolg durchführst, steigst du auf ins innere Teufels-Kollegium."*

Missionix: „Worum geht's denn?"

Ich will, daß unsere Feinde aufhören zu missionieren.

Nichts leichter als das. Zumindest in Westeuropa kämpfen sie sowieso vor allem gegen den Schlaf.

Täusche dich nicht! Es gibt immer noch ein paar Spinner, die am Missionsauftrag festhalten. Sie gilt es lahmzulegen. Und zwar auf teuflische Art.

Auf teuflische Art. Klar. – Was meinst du eigentlich damit?

Dummkopf! So, daß sie nichts davon merken. Also weder mit Gewalt noch mit großen Worten. Nein, auf die leise Tour. Schleiche dich ein in ihre Gedanken und zerstöre sie mit Argumenten. Gebrauche ihre Gefühle für deine Zwecke und vor allem – töte in ihrem Herzen die Liebe zu unserem Oberfeind. Wenn sie ihm gegenüber kalt sind, dann werden sie sich auch nicht mehr um Menschen kümmern, die ohne ihn leben.

Sehr gut, dieser Plan gefällt mir. Aber ich brauche Argumente.

Die gebe ich dir.

Also, los. Ich höre.

Das grundlegendste Argument: Sage ihnen, daß Evangelisation in ihrem Land nicht mehr nötig ist. Die Missionierung wurde schließlich im Mittelalter abgeschlossen. Über 90 % der Europäer sind getauft. Wer sollte da noch von einem Missionsland sprechen?

Aber nur 5 % gehen sonntags in die Kirche – und nicht mal die meinen es alle ernst mit dem Glauben.

Aber diese Tatsache darfst du ihnen natürlich nicht unter die Nase reiben! Sage ihnen, daß es eine Arroganz sei, andere überhaupt als „Nicht-Christen" anzusehen. Schließlich haben die meisten eine Konfirmation oder Firmung erlebt, viele beten, wenn es brenzlig wird. Es sei eine schamlose Verurteilung, jemanden überhaupt als „ungläubig" zu bezeichnen.

Könnte man hier nicht einwenden, daß einer, der schon Christ ist, sich ja sowieso zu erkennen gibt, wenn man ihn irrtümlicherweise missioniert?

Daß du mir niemanden auf diesen Gedanken bringst! Fördere in ihnen eine grundsätzliche Angst vor Verurteilungen, so daß sie ihre Botschaft nicht mehr weitergeben. Auf diese Weise verurteilen sie ihre Mitmenschen zum Nicht-Wissen – und damit unter Umständen endgültig.

Phantastisch. Teuflisch! Gibt es noch weitere grundsätzliche Argumente?

Flüstere ihnen das Anliegen ein, den Glauben nur zu leben, aber ja nicht darüber zu reden. Da sie ihr Christsein sowieso nicht hundertprozentig überzeugend vorleben können, werden sie nie dazu kommen, sich auch mit Worten zu ihrem Glauben zu bekennen. Im übrigen können die wenigsten Leute ihren Lebensstil mitverfolgen, man sieht sich ja nur ab und zu. Und zum dritten wird damit der Irrtum gefördert, Christsein heiße, ein gutes Leben zu führen.

Eine tolle Einflüsterung, die muß ich mir merken. Und wie fromm sie klingt!

Vergiß nicht, darauf hinzuweisen, daß Evangelisation eine Sache von Spezialisten ist, ganz nach dem Motto: „Es gibt Leute, die das besser können als du." Da sie Schwierigkeiten sowieso gern aus dem Weg gehen, sind sie schnell bereit, die Sache anderen zu überlassen, obwohl eigentlich jeder von ihnen beauftragt und damit auch begabt dazu wäre.

Brillant. Großer Teufel. Mir stehen die Ohren schon steif vom Zuhören. Deine Argumente sind unwiderstehlich. Da kommt doch keiner mehr auf die Idee zu missionieren.

Du bist naiv. Unser Gegenspieler ist auch am Werk. Und er ist zu dritt. Die drei Kerle – Vater, Sohn und Heiliger Geist – arbeiten blendend zusammen.

Hör auf, davon zu reden, ich fühle mich ganz schwach.

Dann denk' doch eine Weile an die Christen, die nicht begriffen haben, daß sie mit ihrer Uneinigkeit ihren Chef kompromittieren, und schon wird es dir besser gehen.

Schließlich setzen wir ja alle Kräfte daran, die einen gegen die anderen auszuspielen. Dem einen ist dieser Evangelist zu aggressiv, dem anderen zu soft. Der eine sieht nur die kreative Art zu missionieren, der andere schwört ausschließlich auf Freundschafts-Evangelisation. Und die Kerle merken nicht, daß eine Kombination der Methoden und Stile für uns tödlich wäre.

Sorge dafür, daß das so bleibt. Hier noch ein Gratis-Tip für solche, die nichts mehr gegen das Missionieren vorbringen können. Rede ihnen ein Argument ein, das immer zieht: „Ich lasse mich nicht unter Druck setzen."

Und sie merken nicht mal, daß auch die missionarische Weigerung einem Druck entspringt. Entweder ist es der negative Gruppenzwang: „Ich mache das Gegenteil von dem, was die anderen wollen." Oder ihre bisherigen negativen Erfahrungen mit „dem Missionieren" setzen sie innerlich unter Druck.

Ich sehe, du erwärmst dich für deinen Auftrag. Du bist der richtige Teufel dafür, Missionix. Aber meinen giftigsten Pfeil habe ich dir noch nicht gezeigt. Er ist reserviert für diejenigen, die sich gerne für unseren Erzfeind engagieren wollen, koste es, was es wolle.

Da ist wohl nicht mehr viel zu machen.

Weit gefehlt! Komm, ich will es dir ins Ohr flüstern: Wenn sie sich schon für das in ihren Augen Gute einsetzen, dann sollen sie sich so stark dafür einsetzen, daß sie dabei für das Beste keine Zeit mehr haben.

Entschuldige, Oberteufel, aber das geht nicht in meine Gehirnrinde.

Greenhorn! Wenn du einen engagierten Jünger unseres Feindes findest, dann beschäftige ihn. Am Sonntag soll er im Gottesdienst Klavier spielen, am Montag – wenn es nicht anders geht – in die Gebetsstunde gehen. Am Dienstag verpaßt du ihm Schuldgefühle, wenn er nicht den Hauskreis besucht. Am Donnerstag erinnerst du ihn an die Semesterarbeit, und am verlängerten Wochenende deckst du ihn ein mit Sitzungen, Jungschar und Chorprobe.

Jetzt dämmert es mir. Du überhäufst ihn so lange mit frommen Aktivitäten, bis ihm die Kraft für eine Wirkung nach außen fehlt.

Brav, Missionix, brav. Jetzt bist du auf dem rechten Weg. Und falls er doch plötzlich den Drang zum Missionieren verspüren sollte, laß es höchstens zu, daß er sich für eine einmalige Großaktion einsetzt. Nachher hat er sein Gewissen beruhigt, und er kann sich wieder seinem Privatglauben zuwenden.

Es macht richtig Spaß, dir zuzuhören. Wann kann ich denn gehen?

Nachdem du meinen letzten Rat gehört hast. Damit du deine Kräfte nicht verschwendest, rate ich dir, eine – allerdings seltene – Art von Christen zu meiden.

Ich höre.

Es sind diejenigen, die nicht auf ihre eigene Kraft bauen, sondern darauf, daß ihr Chef ihnen jederzeit alles gibt, was sie brauchen. An solchen könntest du dir die stinkenden Finger verbrennen. Laß ab von ihnen. Sie sind für uns verloren.

(Hanspeter Schmutz, Contrapunkt 2/89)

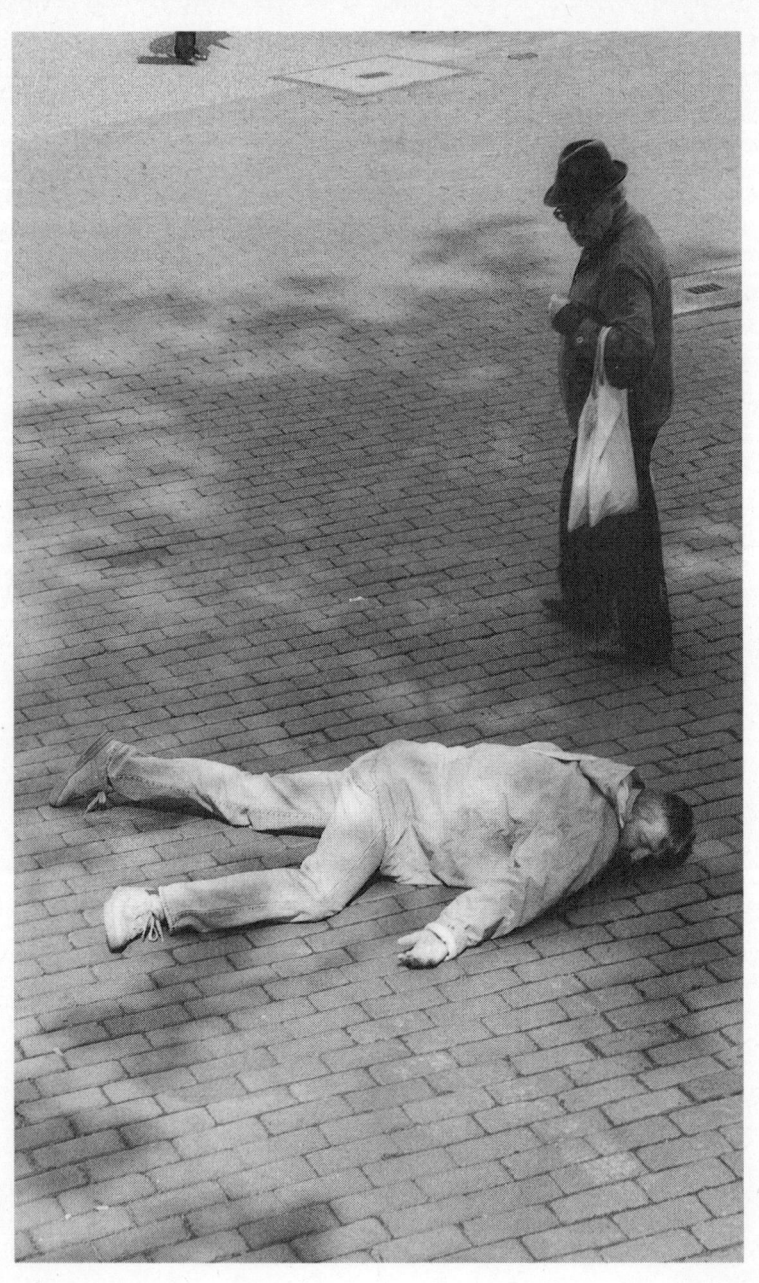

8. Bedenke, daß du sterben mußt

Aktion

Ich lege mich leblos wie ein Toter auf die Erde, in die Fußgängerzone, in einen Supermarkt oder vor eine Disco (möglichst mit dem Gesicht zur Erde).

Sinnvoll ist es, sich für diese Aktion eine warme Witterung und Jahreszeit auszusuchen. Überhaupt nicht sinnvoll ist es, sich auf eine Decke oder Isomatte zu legen.

Man sollte darauf achten, daß man keinen Durchgang, Eingang oder irgendwelche Passanten behindert. Auf meinem Rücken habe ich mit einer Sicherheitsnadel ein kleines Schild befestigt. Darauf steht der Text: „Bedenke, daß Du sterben mußt, auf daß Du klug wirst. Die Bibel". Wichtig ist, daß das Schild nicht zu groß geschrieben ist, etwa 15 x 5 cm. So liege ich auf dem Boden, ca 2 bis 4 Stunden, möglichst immer in der gleichen Haltung.

Manchmal hilft es auch, kleine Schilder mit kurzen Sprüchen zum Thema Tod aufzustellen. Etwa: „Karl Marx ist tot, Einstein ist tot, und mir ist auch schon ganz schlecht", „Das letzte Hemd hat keine Taschen", „Manche sind schon tot, obwohl sie rein körperlich noch leben", „Der Tod ist die einzige Möglichkeit, den ganzen Krempel loszuwerden, der sich im Laufe von Jahren angesammelt hat", „Sammelt Euch Schätze im Himmel, wo keine Motten und kein Rost sie zerstören können".

Ein entscheidendes Kriterium bei dieser Aktion ist die Erkennbarkeit. Man muß also unbedingt darauf achten, daß um den Toten herum eine deutlich sichtbare Absperrung angebracht wird (Baustellen-Flatterband oder ähnliches). Wenn man nichts anderes hat, kann man auch drei Stühle um den „Toten" stellen und die Lehnen mit Bindfaden miteinander verbinden. An den Faden sollten dann aber noch Stoffreste, farbiges Papier, farbige Wäscheklammern und so weiter angebracht werden

Wenn die Aktion nicht als Aktion gekennzeichnet und deutlich erkennbar ist, kann es passieren, daß jemand, der gerade aus dem Fenster schaut, den Toten für echt hält oder meint, daß sich jemand verletzt hat oder ohnmächtig geworden ist. Wenn er dann nicht sofort darauf hingewiesen wird, daß es sich um eine Aktion handelt, und den Notarzt ruft, kann das problematisch werden. Und der Einsatz könnte sogar einiges kosten.

Die Kennzeichnung nimmt übrigens nichts von der Wirkung, die der Tote auf die Passanten hat.

Viele reden und lachen, wenn sie durch die Stadt laufen, es ist ein buntes Treiben. In dem Moment aber, in dem Passanten den Toten sehen, hört das fröhliche Miteinander schlagartig auf, dann ist es plötzlich totenstill! Keiner lacht mehr, keiner redet mehr, und viele flüstern nur noch miteinander. Es ergibt sich fast schlagartig eine unheimliche Ruhe, weil einige Menschen wie benommen sind. Jeder wird aus allen Gedankengängen herausgerissen. Denn der Tod relativiert alles.

Nicht der Fluß fließt, sondern das Wasser. Nicht die Zeit vergeht, sondern wir.

Viele beugen sich vor und lesen den Spruch leise vor sich hin (weil man das Schild ja nicht von weitem lesen kann). Hier arbeite ich wieder ganz stark mit der Neugier der Menschen. Sie wollen unbedingt wissen, was mit dem Toten ist und was auf dem Schild steht. Da kann man dann so leise

120

vor sich hin gesprochene Reaktionen hören wie: „Ooh, ist das brutal", oder „Ist ja widerlich, so eine brutale Aktion zu so einem schönen Spruch".

Natürlich kann man mit einem Toten nicht reden. Deshalb ist diese Aktion eine der wenigen, bei denen zwingend Mitarbeiter benötigt werden, das heißt, um den Toten herum sollten in genügendem Abstand unauffällig dazugehörige „Passanten" stehen, die sich geschickt und unaufdringlich einmischen, wenn jemand irgendeine Bemerkung zu der Aktion beziehungsweise dem Toten fallen läßt.

Die Mitarbeiter sollten innerlich locker auftreten, unverkrampft wirken und sich nicht auf ihr Opfer stürzen wie ein hungriger Geier auf ein Küken.

Ähnlich „spontan" wie bei Wahlkämpfen, an Partei-Ständen, wo auch fremde Passanten auf der Straße miteinander ins Gespräch kommen, versuchen die Mitarbeiter mit den Passanten über die Aktion und den Tod zu sprechen.

Die Mitarbeiter sollten nicht gekennzeichnet sein, möglichst nur mit Einzelnen sprechen, nicht als Mitarbeiter zusammenstehen und ehrlich sein. Wenn jemand nach einer Weile fragt „Gehören Sie auch zu der Aktion?", sollte man nicht die Unwahrheit sagen, aber man könnte ja sofort zurückfragen, ob die Antwort irgendeine Wirkung auf das Gespräch hätte und ob sich dadurch etwas an dem Thema ändern würde.

Gespräche und Erlebnisse

• Eine Mutter mit Kind kommt an mir vorbei. Die Mutter beugt sich vor und liest für sich den Spruch. Plötzlich fragt das Kind:

„Mama, was steht'n da?"

„Ach Kind, das verstehst du noch nicht"

Als wenn Kinder nichts vom Tod verstünden und nicht genauso auf den Tod vorbereitet werden müßten wie die Älteren! Aber die Reaktion ist typisch für uns Erwachsene: Das Reden über den Tod wird verdrängt, mit dem Kommentar „. . . das verstehst du noch nicht . . ."

• In Kassel lag ich während der Kunstausstellung „documenta" in der Fußgängerzone. Da ich die Augen geschlossen hatte und mit dem Kopf nach unten lag, konnte ich natürlich nichts um mich herum sehen (andere haben mir die Ereignisse später erzählt). Nach etwa einer Stunde tippte mich jemand an. Ich blieb natürlich liegen. Das Antippen wurde immer penetranter. Plötzlich zog mich jemand an meiner Jacke hoch. Ich ließ mich wieder sacken, zumindest so vorsichtig, daß ich mich nicht verletzte. Danach hatte ich etwa 20 Minuten Ruhe vor denen, die mich unbedingt zum Diskutieren „aufstellen" wollten. Plötzlich bekam ich einen Schwall Wasser über den Körper geschüttet. Die, die mit mir sprechen wollten, waren in ein gegenüberliegendes Restaurant gegangen und hatten große Getränkebecher in der Toilette mit Wasser gefüllt, das sie dann später über mich schütteten. Ich ließ mich davon nicht irritieren und blieb weiter liegen.

Geborgenheit im Letzten gibt Gelassenheit im Vorletzten.

Wichtig in solchen Situationen sind die „stillen Mitarbeiter", die in weiterer oder näherer Umgebung um den „Toten" herum postiert sind. Sie müssen, wenn es brenzlig wird, mit den Passanten Gespräche anknüpfen und fragen, was diese genau wollen und warum sie nicht mit ihnen, sondern unbedingt mit dem Toten sprechen wollen und so weiter. Dabei ist es wichtig, möglichst von der Person, die auf der Erde liegt, abzulenken und zum Thema hinzuführen; denn darüber wollen wir ja sprechen.

• Ein anderes Mal, als ich in Kassel auf der Erde lag, kamen mehrere Rollstuhlfahrer vorbei, die mich ansprachen. Ich schwieg, wie es sich für einen guten Toten gehört. Als sie merkten, daß ich nicht reagierte, fuhren sie mit ihren großen Rollstuhl-Rädern ständig gegen mich, um mich so zum Aufstehen zu motivieren. Allerdings hatten weder die Wasserwerfer noch die Rollstuhlfahrer mit meiner Zähigkeit gerechnet . . .

• In Stuttgart gab ich vor einiger Zeit ein Seminar, worauf sich ein 16-jähriges Mädchen entschloß, diese Aktion durchzuführen. Sie legte sich in die Fußgängerzone von Stuttgart. Eine große Menschenmasse stand ständig um sie herum, und es versammelten sich immer mehr neugierige Passanten, die miteinander redeten.

Nach einer halben Stunde kam plötzlich Polizei auf einem Motorrad mit Blaulicht angefahren, hielt direkt neben dem Mädchen, hob ihren Körper etwas hoch und fragte in die Runde der Passanten: „Hat sie Drogen genommen?" Mitarbeiter von uns erklärten, daß wir eine missionarische Aktion durchführen. Daraufhin legte der Polizist sie wieder hin und fuhr weiter . . .

Das Mädchen lag danach geschlagene vier Stunden an einer Stelle, regungslos und ungeheuer ausdauernd, wie ich bewundernd feststellen mußte. Wir anderen hatten viele sehr gute Gespräche, die alle von der Aktion angeregt wurden.

• Als ein Seminarteilnehmer von mir in Halle lag, kam ein Rechtsanwalt aus München an unserer Aktion vorbei. Er sah den „Toten" und regte sich wahnsinnig auf. Er beschimpfte uns, fragte, was das solle (er wollte allerdings offensichtlich gar keine Antwort . . .), sagte immer wieder „Ich zeige Sie an, das ist eine Erregung öffentlichen Ärgernisses".

Ich meinte daraufhin: „Sie haben völlig Recht, der Tod ist eine Erregung öffentlichen Ärgernisses. Aber ich habe den Tod nicht erfunden, er ist ja nicht meine Idee. Wenn Sie jemanden anzeigen wollten, müßten Sie sich schon an eine andere Adresse wenden. Es ist vollkommen richtig, was Sie sagen, daß der Tod die Leute aufregt und daß Sie sich darüber ärgern, denn sie wollen den Tod eigentlich nicht wahrhaben. Deshalb wird er ja auch nicht wahrgenommen, sondern verdrängt und weggeschoben. Die Friedhöfe werden am Rande der Stadt hinter großen hohen Hecken versteckt, weil möglichst keiner an dem Tod erinnert werden will. In vielen Großstädten sind sogar die Leichenwagen nicht mehr schwarz, sondern haben bunte Lackierungen, damit niemand unvorbereitet mit dem Sterben konfrontiert wird.

Aber wäre es nicht ratsam, sich mit dem Thema Tod sinnvoll auseinanderzusetzen? Was ist eigentlich Tod? Und was kommt nach dem Tod? Ist dann alles aus? Kann ich mich auf den Tod vorbereiten? – Wenn Sie sagen, daß das, was wir hier machen, eine Erregung öffentlichen Ärgernisses ist, erinnert mich das an Jesus. Der hat auch offen und ehrlich vom Tod geredet. Das hat die Leute genauso aufgeregt und geärgert. Und deshalb haben sie ihn auch umgebracht. Das wollten die Leute eben nicht hören. So etwas wollen sie niemals hören, auch wenn es die Wahrheit ist."

Der Mann aus München war so aufgebracht, daß er gar nicht richtig zuhören wollte. Er ging sofort zur nächsten Polizeiwache und meldete dort völlig aufgebracht den Vorgang. Kurze Zeit später kamen zwei Polizisten und erkundigten sich bei mir nach der Aktion, nach dem Sinn des Ganzen und was wir damit bezweckten. Ich erklärte ihnen alles und sagte ihnen natürlich auch, daß wir extra ein Kennzeichnungsband um den „Toten" herumgelegt hätten, so daß jeder Passant, der daran vorbeikommt, sofort erkennen könne, daß es sich nicht um einen echten Toten handelt.

Daraufhin bekamen sich die beiden Polizisten vor mir in die Haare. Der eine sagte zum anderen „Die Anzeige lassen wir fallen, du siehst doch selbst, daß das hier kein Unfug ist,

sondern Hand und Fuß hat. Die wollen die Leute ja nicht ärgern und schockieren, sondern mit ihnen über den Tod reden". Der andere meinte daraufhin: „Nein, ich laß mich doch nicht von einem Rechtsanwalt aus München so anmachen; der brüllt mich auf dem Revier an, daß wir für Ordnung zu sorgen hätten. Ich laß die Anzeige durchgehen".
Die beiden Polizisten stritten sich noch eine ganze Weile vor meinen Augen, ob sie nun die Anzeige fallen lassen sollten oder nicht. Zum Schluß nahmen sie meine Personalien auf; ich habe aber später nie mehr etwas von ihnen gehört.

● In Stuttgart lag ich etwa 2 Stunden am Boden, als plötzlich eine Frau kam, die sich auch mehr als üblich über diese Aktion aufregte. Sie machte auf der Straße einen Aufstand, schrie herum, ob ich überhaupt eine Genehmigung vom Ordnungsamt hätte, oder ob ich sonst irgendeine Erlaubnis vorzeigen könne. Wir versuchten ihr klarzumachen, was wir mit unserer Aktion bezweckten, doch wir konnten sie nicht beruhigen. Sie bestand auf der schriftlichen Genehmigung des Ordnungsamtes (die wir nicht hatten). Daraufhin ging sie zum Ordungsamt und kam kurze Zeit später mit einer Beamtin von dort zurück. Diese Dame war sehr zuvorkommend und meinte, daß immer dann, wenn sich jemand über eine Straßenaktion beschwert, eine Genehmigung nötig sei (und wir hätten diese Aktion auch genehmigt bekommen). Wenn sie zufällig als Beamtin bei uns vorbeigekommen wäre, hätte sie uns die Aktion einfach durchführen lassen, ohne nach einer Genehmigung zu fragen. Aber für den Fall einer Beschwerde wie dieser sei eine Erlaubnis leider nötig. Sie bat uns, die Aktion zu beenden. Sie war sehr freundlich und erklärte höflich, daß sie dem Protest der aufgebrachten Frau nachgeben müsse, auch wenn sie persönlich die Sache gutheiße.

• Eine schwierige Situation entsteht immer, wenn man nach 2–4 Stunden, die man an einer Stelle gelegen hat, wieder aufsteht. Man sieht ja nicht, welche und wieviele Leute um einen herumstehen. Viele gucken nur und lassen den „Toten" auf sich wirken. Ich versetze mich dann meistens in die Lage der Zuschauer, und frage mich, wie es wirkt, wenn plötzlich der „Tote" wieder aufsteht. Was denken die Leute dann und wie reagieren sie? Was sagen oder fragen sie? Welche Bemerkungen fallen?

Wichtig ist auch die Frage: Wie geht es mir selbst, wenn ich nach drei Stunden plötzlich wieder die Augen aufmache? Eine komische, sehr ungewohnte Situation. Ich warte einen Augenblick und stehe dann auf, verdränge alle Gedanken an die Passanten um mich herum und warte vielleicht bis irgend jemand einen Kommentar fallen läßt. Und dann ist das Eis gebrochen. Darauf kann ich reagieren. Manchmal, allerdings sehr selten, beginne ich selbst ein Gespräch, wenn ich merke, daß viele Leute um mich herumstehen, die mich wie das siebte Weltwunder angucken. Dann frage ich kurz in die Runde: „Was geht in Ihnen vor, wenn Sie mich so da liegen sehen?" Das ist dann oft der Einstieg in ein gutes Gespräch.

• In Celle lag ich, gut gekennzeichnet, in der Fußgänger-zone, als ich plötzlich von weitem ein Martinshorn hörte. Da der Ton immer näher kam, wurde mir bald klar, daß der Einsatz mir galt. Was war passiert? Ein betrunkener Penner hatte mich liegen gesehen und in die Runde gesagt: „Da muß man einen Arzt holen". Daraufhin sprachen Mitarbei-ter mit ihm und erklärten ihm, daß ich kein echter Toter sei, daß das Ganze nur gespielt sei und wir mit den Leuten ins Gespräch kommen wollten.

Er sagte daraufhin nichts mehr, ging weg und bestellte trotz-dem, ohne daß wir es wußten, einen Notarzt. Der war etwas sauer, als er merkte, daß ich gar nicht wirklich tot war; zumal dies für ihn an diesem Tag schon der zweite Fehl-Einsatz war.

• Nach einem Seminar über Straßenaktionen mit anschließender Praxis hatte sich auch ein Teilnehmer für die „Toter"-Aktion entschlossen. Von den verschiedenen Einsätzen, die wir an jenem Tag in der Stadt durchführten, brachte ein Teilnehmer dann später Fotos mit. Da sah ich, daß der Mann, der auf der Erde lag, sich ein Kissen mitgenommen und seinen Kopf gemütlich darauf gelegt hatte. Er fand es wahrscheinlich zu hart auf der Erde.

Lebenskünstler leben nicht länger, aber mehr.

So etwas ist natürlich wenig sinnvoll, denn kein Toter legt seinen Kopf auf ein Kissen. Wenn es einem zu hart oder zu schmutzig auf dem Steinboden ist, sollte man lieber die ganze Aktion nicht machen, bevor man sie mit solchen „Hilfsmitteln" ins Lächerliche oder Absurde zieht.

Erklärungsmuster

In einer Fußgängerzone oder in einem Supermarkt denkt normalerweise jeder nur an eine Qualitätssteigerung seines Daseins: Besser leben, einkaufen, sich schöner anziehen, „Lebens-Mittel" besorgen und so weiter. Jeder denkt an bessere und größere „Lebens-Qualität", kümmert sich aber überhaupt nicht um den Tod oder die Frage, welche Qualität er hat. Wenige bereiten sich in unserer Gesellschaft auf den Tod vor, jeder läßt ihn auf sich zukommen. Das Thema „Tod" besitzt eine eigene Tabuzone.

Wem nur in Notzeiten zu beten einfällt, der hat keinen Gott, sondern höchstens ein Masgottchen!

Zum Beispiel macht sich in einer Disco kein Mensch Gedanken darüber, daß er sterben könnte. Da denkt jeder nur an Leben, an Freude und Tanzen. Bei dem Stichwort Friedhof denkt jeder sofort an Tod und Sterben, doch hast du schon mal erlebt, daß jemand auf dem Friedhof gestorben ist? Ich nicht. Die Leute sterben auf der Straße, auf dem Spielplatz, im Einkaufszentrum, beim Frisör, im Urlaub, an der Arbeitsstelle, im Garten, überall dort, wo sie im Alltag das Sterben mißachten und mit dem Tod überhaupt nicht rechnen.

Das Ende des Lebens wird in unserer Gesellschaft weitgehend verdrängt und weggeschoben. In Großstädten wie New York werden sogar die Leichenwagen mit Reklame beklebt, damit sie nicht zu sehr an den Tod erinnern. Manchmal wird dann auch gleich Werbung für die potentiellen „Sargnägel" (Marlboro und andere) gemacht. Doch, wenn wir ehrlich sind, müssen wir zugeben, daß es sich bei diesen bunten Plakaten nur um ganz hilflose Versuche handelt, vom Thema Tod abzulenken.

Psalm 39,5: „Herr, erinnere mich an das Ziel meines Lebens, und wie kurz das Maß meiner Tage ist! Laß mich erkennen, wie vergänglich ich bin. Du hast meine Tage wie eine Handbreite gestaltet, mein Leben ist wie nichts vor dir, ja nur wie ein Hauch ist alles, was Mensch heißt; nur wie ein Schattenbild geht der Mensch dahin, er macht viel Lärm um nichts, er häuft sich Schätze auf und weiß gar nicht, wer sie erhält."

Nachwort

Ich hoffe, ihr habt nicht nur einen ermutigenden Eindruck von den vielen ungeahnten Möglichkeiten origineller Straßenaktionen bekommen, sondern auch Lust, selbst einmal ganz neue Wege zu gehen, um Menschen auf Jesus Christus und das wunderbare Leben in seiner Liebe aufmerksam zu machen.

Es lohnt sich! Denn viele Fragen sind ja schon lange bei den Menschen vorhanden, sie müssen nur einmal mit etwas Kreativität aus ihnen herausgekitzelt werden.

Wer für sich die richtige Aktion findet, wird dabei entdecken, daß er auf einmal eine ganz neue Sicherheit beim Erzählen von Gott findet und auch mutiger wird, immer wieder andere Formen auszuprobieren.

Natürlich kann man einige der Ideen auch einmal in einem Gottesdienst umsetzen und beobachten, wie die Besucher reagieren. Denn auch in unseren Kirchen ist es manchmal ganz gut, einen Augenblick vor den Kopf gestoßen zu werden, um so wieder zu entdecken, wieviel Freude und Abwechslung man mit Gott erleben kann, wie schnell man sich von Gott ein festgefahrenes Bild macht und wie viele Themen verdrängt werden.

Oft lohnt es sich, mit anderen Christen vorher und nachher in Ruhe über die Aktionen zu sprechen und sich Gedanken zu machen, was noch verbessert werden muß, wie die Leute reagiert haben und was man hätte alles sagen können. Dieses gemeinsame Feed-Back bringt fast immer auch die Mitarbeiter in ihrem Glauben ein großes Stück weiter.

Ich wünsche euch alles Gute, viel Kreativität und Gottes Segen, damit aus der Evangelisation wirklich eine E-fun-ge-lisation wird, die Menschen in Bewegung und zu Jesus Christus bringt.

Euer *Arno*

Der IDEEalist Arno Backhaus

- Geboren: 1950 in Frankenberg
- Verheiratet seit 1972, 3 Kinder
- Berufsausbildung: Großhandelskaufmann und Sozialpädagoge
- Jetzige Berufsbezeichnung: Kaufmann, Liedermacher & Aktionskünstler
- Arbeitet als: Organisator von „Arno's Bauchladen", einem Versandhandel für CDs, T-Shirts, Aufkleber und Bücher
- Außerdem noch unterwegs als Liedermacher & Seminarleiter
- Gemeindebezug: Mitbegründer und Leiterschaftsmitglied der seit 1982 bestehenden ökumenischen Gemeinschaft „Christusgemeinde Am Airport", aus der heraus verschiedene missionarische Aktivitäten entstanden: „Der etwas andere Gottesdienst" oder die Ferienspiele, die sich im Raum Kassel zunehmender Beliebtheit erfreuen
- Gründete mit ein paar Freunden 1967 den schon für die damalige Zeit sehr progressiven und unkonventionell missionarisch ausgerichteten Jugendclub „Jugend 67"

- War Mitbegründer der ersten christlichen Musikzeit-schrift in Deutschland: COGO
- Hat das Musik- und Kultur-Festival „Das Fest" in Calden mit ins Leben gerufen, das wohl größte christliche Open Air Festival in Deutschland, das regelmäßig von mehreren tausend Teilnehmern besucht wird
- Musikalischer Werdegang: Seit 1972 unterwegs im deutsch-sprachigen Raum und darüber hinaus, davon 20 Jahre mit „Arno & Andreas", darunter 10 Jahre gemeinsam mit der Dieter Falk Band, seit 1991 wieder allein als Liedermacher unterwegs, mit diversen LPs, MCs, CDs, Songbooks im Gepäck

- Wer ihn zu Theorie- oder/und Praxis-Seminaren über weitere evangelistische Aktionen einladen möchte . . .
- Wer Lust auf ein Liedermacher-Konzert mit ihm hat . . .
- Wer etwas aus seinem Bauchladen braucht . . .
- Wer gute oder schlechte Erfahrungen mit seinen Aktionen machen möchte. . .
- Wer eigene Ideen entwickelt hat . . .

. . . ist herzlich eingeladen, ihm zu schreiben:

Arno Backhaus
Hauptstraße 13
34379 Calden
Tel.: 0 56 77–13 43
Fax: 0 56 77–5 28